Frontis Pice

HISTOIRE

DE

MADEMOISELLE

BRION,

DITE

COMTESSE DE LAUNAY.

IMPRIMÉE

Aux dépens de la Société des Filles du bon ton.

M. DCC. LIV.

HISTOIRE

DE MADEMOISELLE

BRION,

Dite

COMTESSE DE LAUNAY.

QUELQUES traits de ma vie, Madame, dont je vous ai fait part sans conséquence, & qui vous ont paru interessans ; plusieurs anecdotes singuliéres dont vous avez été informée par la voix du Public, vous ont fait naître le désir d'apprendre toutes les particularités de ma vie. Trop sûre de mon obéissance & des devoirs que me prescrit l'amitié dont vous m'honorez; quand vous m'avez ordonné d'écrire mon Hiſtoire, vous avez peu réfléchi ſur ce que me devoit couter le tableau de dix années de libertinage, & l'aveu des erreurs d'une longue jeuneſſe.

A peine le Public ébloui par le mot chimérique de fille du bon ton, relevé du titre de Comteſſe, feint-il d'ignorer mes déſordres paſſés, que vous m'obligez de déchirer le rideau que j'avois tiré ſur mes premiéres années. Ce voile qui n'étoit plus tranſparent qu'aux yeux de quelques amis particuliers, va diſparoître : pour vous obéir, Madame, l'illuſion va ceſſer.

Je crains bien que vous ne rougiſſiez de vos ordres, en parcourant ma vie. Vous m'avez connue bégayant le ſentiment, paroiſſant aimer les plaiſirs recherchés : ſi je vous ai paru voluptueuſe, c'étoit par décence ; j'ai toujours été libertine par temperament. Ne vous formalisez point si je vous peint le plaisir tel que je l'ai connu, tel que je l'ai gouté. Je n'ai point vu ce Dieu rougir de l'encens que j'ai brûlé sur son autel. A ses pieds, d'un côté j'ai vu la Volupté, de l'autre étoit le Libertinage : ils encensoient le même Dieu, qu'ils servoient différenment.

Je n'empêche point qu'une None qui chante les victoires de son Directeur, & ses foiblesses, ne peigne Vénus sous le masque de la vertu, marchant les yeux baissés, le plaisir la suivant en long manteau sous le chapeau de la réforme. Pour moi je n'aime point Vénus chargée d'atours : une simple gase doit être sa seule parure ; & je veux que les Amours qui folâtrent autour d'elle, soient nuds.

Je passerai, Madame, légérement sur mon origine : je sais trop combien l'énumeration des titres eſt ennuyeuſe, pour en fatiguer le Lecteur. Ce n'eſt point l'hiſtoire de ma généalogie que je prétens donner, c'eſt la mienne.

Ma mere, qui étoit la premiére de ſa famille, comme elle prenoit ſouvent plaiſir à me le repéter, épouſa en pre-miéres noces, peu de tems après ma naiſſance, Maclou Launay, homme connu ſur la Place, faiſant du bruit dans Paris, & ayant un caroſſe, qu'il menoit lui-même, c'eſt-à-dire, Madame, qu'il étoit Phaéton public, moyennant vingt ſols par heure. Ma mere étoit de ces femmes qui portent & vont offrir dans les maiſons les tributs ordinaires des ſaiſons : Bouquetiére dans le Printems; on la voyoit dans l'Automne faire des ſpéculations ſur les ſalades; l'Hiver cal-culer les Vigiles, pour ſavoir quel pro-fit on pourroit faire ſur les œufs frais.

Ma mere introduiſit dans la maiſon

un frere que je n'ai jamais regardé que comme un frere de mere, vu la surprise où son arrivée jetta Maclou Launay, qui, follicité par son épouse, voulut bien permettre que ce prétendu fils portât son nom pour faciliter son avancement : en effet, peu de tems après il parvint au grade de son protecteur.

Vous connoiffez, Madame, toute ma famille. Mon frere étoit placé, & je reftois feule à pourvoir, quand ma mere vint à mourir.

Agée de quatorze ans, & n'apportant rien à la maifon paternelle, on commença à me faire fentir combien je devenois à charge à ma famille. J'ignorois alors, Madame, qu'une jolie figure fût un patrimoine d'autant mieux affuré, qu'on n'en peut manger que le revenu, en alterant pourtant le fonds. Si mon âge, ou plutôt l'ignorance dans laquelle j'avois été élevée, m'avoit permis de le foupçonner , mon pere le premier me l'auroit appris.

Comme je n'avois point d'autre lit que le fien, étant le feul qui fût dans la maifon , je me fuis rappellée depuis, que le bon homme avoit eu toutes les peines du monde à fe faire au veuvage. J'attribuois alors, tant j'étois innocente, à l'amitié paternelle, des careffes, qui certainement lui rappelloient les doux momens qu'il avoit paffés avec Madame ma mere. Je m'apperçus que les jours qu'il rentroit un peu gris, ce qui lui arrivoit fouvent , fa tendreffe augmentoit. Auffi je puis dire que je n'ai jamais vu ma mere lui reprocher l'argent qu'il dépenfoit au cabaret. Enfin, Madame, un bon jour il but tant, devint fi tendre & fi careffant, que je fus forcée de quitter la maifon paternelle.

Le premier ufage que je fis de ma

liberté, fut d'aller trouver une petite compagne, que je connoiſſois depuis ma plus tendre enfance : elle s'appelloit la Dêpoix. Elle me reçut comme une ancienne amie, & me mena chez ſon pere, qui étoit Commis à la barriére du Cours.

Le bon homme dont la cuiſine n'étoit pas des mieux fondées, ayant peu de Contrebandiers pour amis, s'apperçut du tort que faiſoit un nouvel hôte à ſon ordinaire ; il pria ſa fille de me placer quelque part, ſa miſére ne lui permettant pas de me garder chez lui.

La Dêpoix, qui par ſon métier de Coiffeuſe, ſe trouvoit intereſſée dans une eſpéce de commerce de Galanterie, auroit été charmée de me garder avec elle : ma figure qui ſe décraſſoit tous les jours, lui promettoit de la dédommager amplement des ſoins qu'elle auroit pris à me former.

Ne pouvant tirer aucun parti de ma jeuneſſe, vu les ordres de ſon pere, elle me propoſa de me placer chez une Dame de ſes amies qui m'aimeroit beaucoup, me diſoit-elle, & qui auroit pour moi les meilleurs procédés du monde, pourvu que je vouluſſe me conduire par ſes conſeils, & faire ce qu'elle me diroit. Je répondis à Mademoiſelle Dêpoix, que puiſque mon malheur vouloit que j'en fuſſe ſéparée, j'aurois pour la perſonne chez laquelle elle me placeroit, les mêmes égards que pour elle-même ; qu'elle pouvoit compter en tout ſur une entiére obéiſſance.

Voici, Madame, mon entrée dans le monde, & l'inſtant, pour ainſi dire, où commence ma vie. Peignez-vous une fille neuve au point d'ignorer qu'elle eſt jolie, pour qui le mot d'amour eſt étranger, qui connoiſſoit preſque la pratique du plaiſir, ſans en avoir jamais foupçonné la théorie; une fille trop ignorante pour favoir rougir, fimple par innocence, & cependant d'une complexion libertine, conduite chez Madame Verne, qui tenoit la maifon la plus renommée de Paris.

Vous avez, fans doute, Madame, entendu parler de la Verne, qui paffoit pour entendre le mieux fon métier, qui avoit les plus jolies filles, Abbeffe d'une maifon où féjournoit le Dieu du Libertinage; pour tout dire enfin, la Pâris de fon tems.

Connoiffeufe comme étoit la Verne, vous pouvez penfer avec quel plaifir elle me reçut : une fille de mon âge & de ma figure, étoit un tréfor pour une femme qui auroit vendu le pucellage d'une Poupée.

La Dêpoix qui avoit le département de la toilette des Graces qui compofoient fon Serrail, fut amplement recompenſée de ſes peines, & toucha par avance, une ſomme ſur la fortune que je devois faire.

Le premier ſoin de la Verne fut que mon entrée chez elle fût entiérement ignorée par ce qu'elle appelloit les nou-velliſtes du Serrail, Mouſquetaires, Pages, Gendarmes, qui, de ſon tems, payoient toujours fort peu ; mais en recompenſe, venoient ſouvent, reſtoient très-long-tems, & empêchoient beaucoup de gens de venir s'amuſer, comme Robins, Financiers, Clercs, tous gens tranquiles, que la vue d'un Mouſquetaire auroit mis dans le cas de manquer à quelque Beauté de la façon du monde la plus offenſante pour une jolie femme.

Je fus à peine entrée chez la Verne, qu'elle me conduiſit dans une chambre pratiquée ſur le derriére de la maiſon, entiérement ſéparée du corps de logis qu'elle occupoit, qui avoit une sortie mistérieuse dans une allée voisine : ce passage n'étoit connu que de quelques Prélats, interessés par leur état à n'être libertins qu'avec décence, & à prendre le mistére pour Mentor de leurs plaisirs. Par-là entroient quelques paillards honteux, gens de nom, que l'âge n'avoit pas plus servi à corriger, que réussi à faire prendre un Directeur à leurs femmes, & qui venoient de tems en tems tenter de faire expirer chez eux le plaisir, & qui finissoient par essouffler deux ou trois filles à pure perte. On y voyoit aussi quelques Singes de la Justice pincés par état, qui auroient cru manquer à la gravité de la présidence, si dans leurs ébats ils avoient dérangé l'économie d'une longue perruque d'emprunt, à laquelle la plupart devoient tous leurs mérites.

La Verne appelloit cette chambre,

fon Palais des vertus : c’étoit là qu’en
femme rufée elle cachoit les filles foi-
difant pucelles, dont la virginité devoit jouer un long rôle, avant que d’ê-
tre abandonnée aux hommages du Public, & de devenir fœurs du Serrail.

Sitôt que je fus entrée dans cette
chambre, on fongea férieufement à ma
toilette. La Dêpoix voulut fe furpaf-
fer : elle épuifa fon art pour me rendre
jolie, & y réuffit. Une figure fine, des
yeux vifs, une taille de Nimphe jointe
à des graces naturelles, promettoient
une fortune à la Verne. Elle voulut ce
jour-là que je duffe tout aux charmes
d’une figure enfantine & novice fur laquelle brilloient les graces de la plus
tendre jeuneffe. J’avois des yeux qui,
par inftinct, commençoient à parler le
langage du plaifir, & dans lefquels on
voyoit naître les défirs. Pour tout dire, Madame, j’étois affez jolie pour ne

rien emprunter de l'art. Un petit deshabillé d'une toile de coton blanc très-fine, étoit ma seule parure. La livrée de l'Innocence convenoit au rôle que j'allois jouer. Tendre victime, je n'attendois que le moment d'être conduite à l'autel : le sacrificateur ne tarda pas à paroître. J'entens un carosse s'arrêter dans une petite rue sur laquelle donnoit une croisée de ma chambre. Je mets la tête à la fenêtre, & j'en vois sortir Madame Verne déguisée en Dévote, une Sœur de Charité passée au bras, suivie d'un homme enveloppé dans un long manteau noir : je l'entendis nommer Mr. de R.... J'ai appris depuis qu'il étoit Evêque de B.... Prélat libertin, qui avoit été autrefois Amant aimé de la Verne, & qui s'en tenoit alors vis-à-vis d'elle au rôle de bienfaiteur. Mr. de R.... l'avoit deux fois fait sortir de Sainte-Pelagie ; ce qui avoit éternifé fon attachement pour ce faint Abbé , dont elle avoit toujours gouverné les plaifirs depuis qu'elle avoit ceffé de les partager.

Au portrait que je viens de faire, Madame, de Mr. de R.... il ne devoit pas être novice dans une avanture galante : je le vis bientôt paroître. Il fe préfenta de la meilleure grace du monde, loua avec fineffe mes attraits, careffa en protecteur Madame Verne, me fit mille agaceries avec l'enjoûment du bon ton qu'il poffédoit mieux que le premier Petit-Maître de Paris, me propofa de m'enmener avec lui, m'engagea poliment à entrer dans fa voiture, & me força à trouver du plaifir à la partager.

En montant il dit : Fauxbourg Saint-Germain. Son Cocher favoit ce que cela vouloit dire. La Verne avant que de partir, m'avoit, en peu de mots,

inf-

inftruite du rôle que je devois jouer.
En chemin je me rappellois fa leçon,
que j'avois un plaifir fecret à repéter.
Elle avoit fait éclorre chez moi des
idées que je cherchois à développer.
Je fentois une chaleur douce courir
dans mes veines; une langueur inconnue s'étoit emparée de moi : je me fentois oppreffée; le cœur me battoit; ma
langue fe trouvoit embarraffée ; mes
yeux étoient baignés de cette eau pré-
cieufe qui annonce la vivacité des défirs, & qui chez moi n'étoit l'effet que
de leurs prémices. Mr. de R.... tenoit
une de mes mains, qu'il ferroit tendre-
ment dans les fiennes. Je devinois que
ce langage me devoit dire beaucoup,
& fentois qu'il ne me difoit pas affez.

Mr. de R.... me demandoit ce qui
occafionnoit la profonde rêverie où je
paroiffois plongée, quand le caroffe
arrêta : nous étions arrivés à fa petite

maiſon. Comme il faiſoit nuit, il me préſenta la main pour deſcendre; je le ſuivis dans un appartement orné par la main des Graces : on y rencontroit par-tout cette ſainte molleſſe inventée par les Gens d'Egliſe, appanage de ſes favoris , & qui caractériſe ſi bien un prédeſtiné.

Mr. de R.... auſſi recherché dans ſes plaiſirs, que voluptueux libertin, avoit orné cet appartement de peintures propres à faire naître des déſirs, & avoit fait pratiquer par-tout des commodités , pour les ſatisfaire avec volupté. Dans une alcove tapiſſée de glaces, d'immenſes couſſins couleur de roſe, auſſi artiſtement arrangés, que ſenſuellement parfumés, offroient un lit couvert d'un dais en forme de coquille; un grand tableau, où Vénus étoit repréſentée dans les bras du Dieu Mars, ſervoit de doſſier ; Vulcain paroiſſoit

dans le fond pour fervir d'ombre : ce
rableau fe repétoit dans tous les tru-
meaux, & varioit fuivant les pofitions
différentes des glaces. Mr. de R.... en
me précipitant doucement fur le lit,
me demanda comment je trouvois fon
petit hermitage, me dit qu'il fe trouveroit trop heureux, fi je voulois confentir un moment à partager fa retraite. Sa bouche qui fe trouva collée fur
la mienne , m'empêcha de louer fon
bon gout. Il lut dans mes yeux ce que
j'avois eu envie de lui répondre, & ce
qui fe paffoit dans mon cœur : un fou-
pir confirma fon bonheur, en annon-
çant ma défaite. Déja je n'ouvrois plus
les yeux que pour rencontrer les fiens ;
nos ames étoient prêtes à fe confon-
dre. Momens délicieux ! jouiffance pré-
cieufe ! oui, vous êtes un éclair de la
Divinité. Je le reconnus au feu qui me
confumoit. Si mon bonheur eût duré

un inftant de plus, mon êrre n'auroit pu y fuffire; le plaifir m'eût anéantie. J'ouvris enfin les yeux pour lire dans ceux de Mr. de R.... toutes les fenfations qu'il éprouvoit : une tendre langueur les tenoit à moitié fermés : la volupté fatisfaite y étoit peinte. Nous fûmes long-tems à nous regarder, fans avoir la force de prononcer une parole. Il rompit le premier le filence, & ce fut pour peindre fon bonheur. Un baifer enflammé que je lui donnai, me tint lieu d'éloquence, & l'affura du plaifir que j'avois eu à le partager.

Il commençoit à être tard : Mr. de R.... me demanda fi je ne trouvois pas qu'il fût à propos de fe mettre à table, & donna des ordres pour que l'on fervît. Notre tête-à-tête fut des plus gais : des mêts auffi délicatement préparés, que proprement fervis, conduifirent notre foupé très-avant dans la nuit : le

vin étoit parfait; nous en fimes débauche : on en fervit de vingt fortes, & je
voulus tous les gouter. Au deffert Mr.
de R.... me parut plus aimable qu'il
n'avoit encore été : il me trouva plus
fole que jamais : nous éprouvions tous
deux cette efpéce de délire qui nous
enléve 'à nous-mêmes , que Chaulieu
peint fi bien, & que la volupté a inventé pour perfectionner le bonheur
des Amans. Mr. de R.... me fit compliment fur ce qu'il me trouvoit le re-
gard libertin. Je voyois dans la vivacité des fiens, fes forces fe réparer, &
les défirs renaître : un gefte qu'il me fit,
me confirma que je ne m'étois pas
trompée.

Nous nous levames de table fans deffein, & nous nous trouvames tous deux
dans l'alcove, fans nous y être donné
de rendez-vous , & fans favoir comment nous y étions venus. Le pied me

manqua , Mr. de R.... voulut me retenir, je l'entrainai avec moi : il oublia aussi facilement que son dessein n'avoit été que de m'empêcher de tomber, que moi je songeai peu à l'en faire ressouvenir. Ses transports devinrent plus vifs qu'ils n'avoient encore été. Il me trouva aussi tendre qu'il me parut passionné. La nuit se passa dans un torrent de plaisirs, qui ne se multiplioient que pour nous faire oublier la derniére jouissance , en nous en procurant une plus délicieuse. Dix fois j'expirai dans ses bras, dix fois je partageai son ame, & voulus lui donner la mienne toute entiére. L'épuisement mit seul fin à notre bonheur , sans avoir pu éteindre nos désirs. Un sommeil aussi voluptueux que tranquile, succéda aux transports les plus vifs. Ce Dieu vint réparer nos forces pour nous préparer de nouveaux plaisirs.

Il étoit trois heures après-midi quand le bruit d'une porte que l'on ferma, me réveilla. Je fis un cri, Mr. de R.... parut aux pieds de mon lit pour me demander ce qui avoit occasionné ma frayeur. Je fus fort étonnée de le voir habillé, prêt à sortir. Il me dit qu'on l'étoit venu chercher pour une affaire Ecclésiastique qui alloit se juger dans le moment, & où il étoit indispensablement nécessaire qu'il se trouvât ; qu'il n'avoit que le tems de me donner un baiser ; que je trouverois sa voiture pour me reconduire chez Madame Verne, où il ne tarderoit pas à se rendre.

Je le vis bientôt disparoître en maudissant les affaires d'Eglise. Je jurois intérieurement contre tout le Clergé; mais c'étoit un mal nécessaire, & de plus, un malheur qu'il falloit oublier.

Combien de femmes de condition,

de Princesses, disois-je en moi-même, en pareil cas n'ont pas d'aussi bonnes raisons pour se consoler! Cette réflexion me divertit, & me prouva que j'avois tort de m'affliger. Le parallèle dans le malheur diminue souvent celui que nous éprouvons. Je m'habillai promptement, & me fis reconduire chez Madame Verne, où j'arrivai toute consolée.

Je n'ai point vu Mr. de R.... depuis, aussi libertin qu'aimable : aussi inconstant dans ses gouts, que volage dans ses plaisirs, il n'étoit plus fidéle qu'au changement : chaque jour lui préparoit un triomphe nouveau, de nouvelles Bergéres, & différens plaisirs.

Madame Verne, qui savoit par une longue expérience, combien la beauté que l'on ne doit qu'à l'éclat de la grande jeunesse & à un air de fraicheur, étoit une fleur passagére, sur-tout quand on dé-

débutoit avec Mr. de R.... m'avoit encore arrangé une partie pour le foir; c'étoit avec un jeune Confeiller, Sénateur, Petit-Maître, qui depuis longtems, à ce qu'il me dit, étoit au régime des pucellages, non par ordre de la faculté, mais par air de fatuité. Je vis le moment qu'il fe couchoit en longue perruque, tant il lui en coutoit pour fe mettre en bonnet de nuit; & en honneur, il lui étoit bien pardonnable d'affectionner fi chérement fa chevelure poftiche. Je n'ai vu de ma vie un fi laid Magot, & rien qui reffemblât tant à un finge malade que mon Confeiller en habit de combat. Son propos étoit auffi impertinent que fa figure. Je pris le parti d'être auffi fole & libertine, qu'il me parut grave & pincé.

Toute la nuit fut un contrafte parfait qui m'amufa beaucoup: un ridicule quelquefois divertit. Il étoit très-étonné de trouver une novice aussi façonnée. Celles qui avoient joué ce rôle avec lui, avoient pris autant de peine à le tromper, que j'aurois eu de plaisir à lui faire comprendre qu'il n'étoit qu'un sot, si sa fatuité ne lui avoit pas fait attribuer mon enjoûment au plaisir que je devois ressentir de partager ses faveurs. Il passa la nuit à nombrer ses bonnes fortunes, & finit par se lever aussi gravement qu'il s'étoit couché, redevint Conseiller, & jura ses grands Dieux, que c'étoit le dernier pucellage qu'il prendroit de sa vie. Mais, Monsieur, lui dit Madame Verne. Mais, mon enfant, c'est un métier détestable, la journée d'un porte-faix : voulez-vous que je me fasse arracher les yeux par trente jolies femmes, que cela me met dans le cas de négliger? Les pucellages gâtent furieusement un joli homme : le moyen de se remettre à l'ordinaire des bonnes fortunes? Il finit son discours par donner dix louis, & fut probablement dormir à l'Audience.

Je redevins vierge encore pour cinq ou six personnes, & aurois joué ce rôle plus long-tems, s'il n'étoit arrivé chez Madame Verne une petite fille de la campagne qui devoit me remplacer.

Je quittai le séjour de la vertu pour entrer dans la carriére du libertinage. Je parus au Serrail, & fus extrêmement fêtée par toute la Maison du Roi. Je jouai pendant quinze jours la Sultane favorite, & n'eus pas le plaisir de voir une seule fois mes compagnes porter envie à mon bonheur. Je crois que c'est le seul état dans le monde où les préférences n'humilient point.

Je fus bientôt au fait de tous les sé-crets de la maison. Je connus le nom & surnom de tous les Pages & Mous-quetaires qui y venoient. Je vis qu'il

étoit du bon ton de jouer la fille entretenue. Toutes mes compagnes s'é-
toient choisi ce que nous appellons entre nous autres femmes du monde, un
Gréluchon, qui est auprès d'un entreteneur, ce qu'est un Amant auprès du
mari d'une honnête femme : tout n'est
que préjugé dans le monde.

Je m'attachai donc Mr. de la V....
Page de Mr. le Prince de C.... Mon
choix étoit d'une connoisseuse. Mr. de
la V.... étoit un grand jeune homme
bien fait, âgé de dix-huit ans, vigou-
reusement charpenté, les yeux vifs, des
sourcils noirs & bien marqués, des che-
veux bruns extrêmement bien plantés,
aimant passionnément les femmes, &
étant bien fait pour en être adoré, joi-
gnant à beaucoup d'enjoûment un esprit fin & délicat, aussi sensuel dans la
débauche, que libertin & aimable dans
le plaisir.

Ce n'eſt point, Madame, mon choix que je cherche à juſtifier; c'eſt un tribut que mon cœur ſe plaît à payer à un homme qui a bien long-tems regné ſur lui , & dont le ſouvenir me ſera toujours précieux.

Il ne s'agiſſoit plus que de me faire entretenir, & j'y ſongeai ſérieuſement. Je puis dire que le titre de fille entretenue me flattoit moins par l'état qu'il me devoit donner, que par l'eſpoir d'être toute à mon cher de la V.... Je ne déſirois un entreteneur que pour avoir le plaiſir de le lui ſacrifier, s'il mettoit un inſtant obſtacle à notre bonheur. Je ne connoiſſois d'autre bien, d'autre interêt que celui de l'aimer & d'en être aimée. Je ne voulois que lui aſſurer un état, & fixer ſon gout en ſervant le mien. Le rôle d'Amant auprès d'une femme qui changeoit ſix fois par jour de mari, étoit auſſi peu flatteur, qu'il devenoit dangereux. Il étoit difficile de trouver quelqu'un qui voulût me payer pour faire le bonheur d'un autre. D'ailleurs, on faisoit plus difficilement son chemin sous la Verne, qu'on ne l'a fait depuis sous la Pâris. En 1725. le service étoit plus long qu'en 1750. Il est de tems en tems des campagnes malheureuses. Nous sommes à peu près dans notre état, ce que sont les surnumeraires dans tous les corps. Grande, jeune, bien faite, protégée comme j'étois, je ne devois pas tarder à être en pied. Ce moment désiré arriva plutôt que je ne pensois, & dans l'instant où je m'y attendois le moins.

Mademoiselle Manon la Brune, femme du monde entretenue d'une façon douteuse, avoit prié la Verne de lui envoyer une fille pour faire un soupé : le hazard voulut que ce fut moi qu'elle choisit, non comme la plus jolie, mais comme la moins connue. L'art de la toilette n'étoit plus une énigme pour moi. Confeillée par l'amour-propre, je commençois à favoir tirer de ma figure tout le parti poffible, & me parer à mon avantage. Une fille qui cherche à fe faire entretenir, ne peut jamais mieux employer fon tems qu'à fe rendre jolie.

Je prens un fiacre, & me rens chez Mademoifelle Manon la Brune, où je trouvai une compagnie fort bourgeoife : Mr. B.... homme fimple, foi-difant entreteneur de la Maîtreffe de la maifon ; du moins qui s'en donnoit les airs, en faifant les honneurs du foupé de toutes les façons ; une de fes compagnes ; deux amis de Mr. B.... & moi qui devoit completter le troifiéme tête-à-tête.

On m'avertit que le deffein de tous les convives étoit de beaucoup s'amufer dans cette partie ; qu'il y avoit à

manger pour deux jours , & qu'on y
boiroit à gogo. L'Orateur finit sa ha-
rangue par verser à chacun une raza-
de, & en sabla deux pour réparer les
dépenses d'imagination qu'il venoit de
faire.

Bientôt on se mit à table, en se choi-
sissant une voisine. Un train de derriére de bœuf qui parut, fut décroté
avec assez de sang froid. Les esprits s'é-
chaufferent au second service. On vint
à parler musique, tout le monde la savoit, & chacun détonna une déclara-
tion à sa Belle. Mr. B.... le Héros de
la fête, voulut se distinguer, en com-
posant un impromptu de paroles & de
musique.

Il compara sa Maîtresse à la pleine
Lune : la rime fut trouvée riche, & la
pensée heureuse. On fit aussi-tôt cho-
rus pour y faire honneur. La musique
fut suivie de complimens, que l'on

adressa au génie de la troupe. Mon voisin me pria très-fort de croire que c'étoit un homme charmant. Mr. B.... reçut cavaliérement les louanges qu'on lui donna, & en homme accoutumé à avoir de l'esprit.

Quand on fut ennuyé de détonner, on parla sentiment, bonnes fortunes, plaisirs. Mademoiselle Manon la Brune nous assura qu'elle avoit toujours passé pour une belle jouissance. Mr. B.... occupé à boire, n'avoit pas le tems de la dédire : elle nous nomma dix Amans qui étoient péris au service de ses charmes, & dix autres qui étoient sechés, en attendant la survivance.

Le dessert fournir un tableau digne du pinceau de Callot. Les fumées du vin commençoient à opérer. Mr. B.... couché dans une attitude très-indécente aux pieds de sa Belle , exigeoit des preuves publiques de l'amour qu'il prétendoit qu'elle avoit été obligée de prendre pour lui depuis le tems qu'il l'entretenoit, & pour l'argent qu'il lui donnoit tous les jours : il ajouta que son bonheur étoit trop de conséquence, pour qu'il s'en rapportât à lui-même, sur-tout dans l'état où il se trouvoit; que ses amis témoins, il sentiroit mieux la douceur d'être caressé ; que pour le beau Sexe il le prioit fort de ne se point formaliser; que de plus, il laissoit tout le monde libre d'en faire autant.

Il étoit comique de voir un vieux satire coiffé d'une serviette grotesquement chifonnée, tenant d'une main sa perruque, & de l'autre se provoquant au plaisir, pour faire honneur aux charmes surannés d'une Nimphe sexagénaire, qui d'une voix cassée, le traitoit de lutin & de petit fripon.

Mademoiselle Manon la Brune que

le vin avoit rendu très-tendre, & qui
en remarquoit, avec plaisir, les effets
chez Mr. B.... nous dit qu'elle ne répondoit plus de rien ; que ces inſtans
étoient l'écueil où toute la fauſſe vertu
des prudes feroit ordinairement nau-
frage ; qu'une jolie femme riſquoit trop
à s'engager à être ſage vis-à-vis d'un
homme aimable, & rompu aux bonnes fortunes comme l'étoit Mr. B....
que toutes les femmes pourroient le
promettre ; mais qu'il n'y avoit que les
laides à qui il fût permis de tenir parole. Ses yeux enflammés qu'elle tenoit fixes ſur le Dieu qui l'inſpiroit,
nous promettoient un dénoûment digne des Acteurs. La luxure peinte ſur
le viſage, elle ſe préparoit déja à réali-
ſer les fumées du vin qui opéroient
chez Mr. B.... quand le Ciel ceſſa de
l'aſſiſter.

Mr. B.... ſentoit trop la néceſſité de

ſa protection, & étoit trop bon Chré-
tien pour rien attendre de la fragilité
humaine, quand la grace nous aban-
donne. En pénitent réſigné, il avoit
ceſſé l'ouvrage, & les mains jointes, &
les yeux fixés vers le plancher, du meilleur de ſon cœur il y adreſſoit ſa prié-
re. Il avoit oublié cette maxime éma-
née du Ciel, ſi vraie & ſi conſolante:
Aidez-vous, je vous aiderai. Mademoiſelle Manon la Brune, dont la morale
étoit un peu plus relâchée, en jurant
comme une Bohémienne, nous faiſoit
bien voir qu'elle attendoit tout de la
vigueur de ſon bras & du pouvoir de
ſes charmes, & ſecouoit le pauvre dia-
ble d'importance, en prétendant qu'il
y avoit de la malice de la part de Mr.
B.... qui n'en étoit certainement pas
capable, ou que c'étoit l'effet de quelque ſort jetté ſur ſes charmes par quelque Beauté envieuſe. Il n'y avoit que

la Fée Concombre que l'on pût soup-
çonner de lui avoir joué un pareil tour.
Enfin, foit que Mr. B.... augmentât
en malice, foit que l'enchantement con-
tinuât d'opérer, on lut bientôt fur fa
figure qu'elle avoit perdu tout efpoir
de détruire le charme.

Je vis en cette occafion qu'une Furie
échappée des Enfers, eft moins terri-
ble qu'une femme d'un certain âge que
l'on trompe, après avoir nourri chez
elle un efpoir, qui, en augmentant, de-
vient d'autant plus flatteur, qu'il s'y eft
établi avec plus de méfiance.

Mademoifelle Manon la Brune devint furieufe ; & dans fon défefpoir,
c'en étoit fait de Mr. B.... il eût fini fes
jours par un coup de tabouret, fans un
de fes amis, qui fut affez alerte pour
parer le coup. La fcéne alors devint
tragique ; la chambre en un moment
fut remplie de combattans. Mr. B....

qui, effrayé par le cri que j'avois fait,
fe croyoit mortellement bleffé, nous
dit qu'il ne vouloit pas mourir fans
vengeance; & l'épée à la main, fes cu-
lottes fur fes talons, pourfuivoit fa partie, en cotoyant prudenment la mu-
raille, dont il avoit grand befoin. Nous
eumes le plaifir de lui voir faire trois
fois le tour de l'appartement, lardant
toutes les figures qu'il rencontroit fur
les tapifferies, & tomber effouflé, en
demandant pardon au Ciel, du fang
qu'il venoit de répandre.

Le combat fini, on tranfporta dans
un cabinet Mr. B. … qui fe croyant toujours mortellement bleffé, demandoit,
à toute force, un Chirurgien & le Pere
Augufte, fon Confeffeur. Mademoifelle Manon la Brune s'étoit retirée dans
fa chambre, où les amis de Mr. B. …
l'avoient fuivie pour la confoler. J'ai
appris depuis qu'un d'eux avoit entre-

pris de faire fa paix, & avoit réparé fa faute avec ufure.

L'autre fille, qui avoit craint le fort des figures de tapifferies, avoit pris la fuite, en voyant Mr. B.... l'épée à la main, fans qu'on ait pu favoir depuis ce qu'elle étoit devenue. Je reftai donc feule fur le champ de bataille, où je ne tardai pas à être acoftée par la femme de chambre de Mademoifelle Manon la Brune.

Elle s'appelloit Manon. Je vous dirai bientôt, Madame, quelle étoit cette charmante fille, qui doit jouer un rôle intereffant dans une grande partie de mon hiftoire, & à qui j'ai des obligations que je n'oublierai jamais.

Manon ennuyée d'une condition dont les profits diminuoient tous les jours, avoit réfolu de quitter une maîtreffe dont la maifon étoit fi peu achalandée. Dès en entrant, elle avoit jetté les yeux sur moi; ma figure lui avoit plu. Elle comptoit en peu de tems rétablir ses affaires, si elle pouvoit entrer à mon service. Elle me fit part de ses projets, me demanda si je ne serois pas charmée de quitter une maison où l'on passoit les plus belles années de sa jeunesse dans la plus honteuse débauche, sans jamais rien amasser. Je saisis cet instant pour lui peindre, avec les couleurs les plus fortes, toute l'horreur d'un séjour où j'étois retenue par la misére. L'Amour me rendoit éloquente. Comment ne l'aurois-je pas été? mon bonheur & la gloire de mon cher de la V.... y étoient interessés. J'acceptai, avec transport, l'offre qu'elle me fit de venir demeurer avec moi. Il ne s'agissoit plus que de faire approuver tous nos arrangemens par sa maîtresse. Nous remimes à lui en parler quand elle seroit dans son bon sens.

Manon

Manon fut lui propofer le lendemain matin. Non-feulement elle accepta, avec plaifir, un parti qui ne pouvoit que lui être avantageux par la facilité que cela lui donnoit de m'avoir chez elle quand elle voudroit; mais elle s'offrit de nous avancer ce qu'il faudroit pour entrer dans notre nouveau ménage. Dans l'inftant il fut décidé qu'on renverroit à Madame Verne mon petit bagage, qui confiftoit en un deshabillé très-fimple, & qu'on lui payeroit ce que je pouvois lui devoir.

Vous ferez, fans doute, étonnée, Madame, de m'entendre parler de dettes contractées chez la Verne, après y avoir demeuré deux mois, fait nombre de partis dont elle avoit touché l'argent, & en fortir plus nue que je n'y étois entrée : c'eft le grand art de ces fortes de courtiéres de la vertu féminine, vraies fanfues du peuple libertin, d'endetter les créatures qui leur fervent à ruiner la jeuneffe ; bien plus en jouiffant du revenu de leurs charmes, elles aquierent un droit fur leur liberté : c'eft ce qui s'appelle le fecret du métier, & ce qui fera toujours une énigme pour les filles qui en font la victime.

Madame Verne devint furieufe, en apprenant le tour qu'on lui jouoit : c'étoit la condamner à refter deux années de plus dans le métier, que de lui enlever une fille fur laquelle elle fondoit une partie de fa fortune. Elle fe tranfporta chez Mademoifelle Manon la Brune, employa larmes, priéres, pour me ravoir, fans pouvoir rien obtenir. Elle finit par menacer, & partit défefpérée, en méditant un projet qui penfa tous nous perdre, & dont elle fut la victime.

J'avois loué une chambre garnie dans

la rue de Tournon, où je m'étois retirée avec ma chere Manon. Je vous ai
promis, Madame, de vous peindre
cette fille; je vais, en peu de mots, vous
la faire connoître. Elevée dans les intrigues, perſonne ne ſavoit avec tant
d'art, faire réuſſir un projet, quelque
difficile qu'il parût : le déſeſpoir & l'en-
nemie jurée de tous les entreteneurs,
elle ſavoit gagner leur confiance, devenir leur confidente, & ſe rendre né-
ceſſaire pour les tromper plus ſûre-
ment. Elle joignoit à un eſprit vif, un
grand air de douceur, le jeu fin, intri-
gante, parfaite : rarement on trouvoit
ſa prudence en défaut : priſe ſur le fait,
elle ne manqua jamais d'une excuſe ſpé-
cieuſe, à qui elle donnoit l'enveloppe
de vérité : jamais perſonne ne trompa
ſi obligeamment. Enfin, Manon étoit
une fille impayable pour une jeune perſonne, ſans expérience, & fole com-

me j'étois ; ayant, de plus, un gout décidé pour tous les plaisirs brillans, qui
exposent une fille d'un moyen état, &
dont les entreteneurs ne sont point titrés. Vingt fois elle eut besoin de toute
sa prudence pour empêcher que je ne
fusse enlevée, & elle avec moi : c'étoit
toujours le peu de cas que je faisois de
ses conseils qui me mettoit dans l'obli-
gation d'avoir recours à ses lumiéres
& à son expérience.

Comme on a vu que Mademoiselle
Verne étoit sortie de chez Mademoiselle Manon la Brune dans le dessein
de se venger par un coup d'éclat ; elle
tenta peut-être le projet le plus hardi
qui ait jamais été conçu par une femme de son état, &, à la honte de la Police, y avóit réussi.

Par le canal des protections qu'elle
s'étoit toujours ménagées, elle avoit
obtenu un ordre de Mr. H.... pour

nous faire enlever toutes trois. Vous
ferez, fans doute, étonnée, Madame,
de voir la Verne accufer à un tribunal
auffi éclairé, une autre femme d'avoir
débauché une jeune fille qui avoit fait
fon noviciat de libertinage dans fa maifon, la peindre avec les couleurs les
plus fortes, les plus noires, & avec
toutes les nuances de fon état & du métier qu'elle faifoit; enfin, la Verne prendre la défenfe de l'honneur, plaider la
caufe de la vertu & de l'innocence, demander juftice, & l'obtenir : rien pourtant de plus vrai. L'ordre étoit lâché :
un peu plus de miftére de fa part, nous
étions perdues fans reffource.

La Verne crut fa vengeance trop cer-
taine, pour ne pas jouir du plaifir de
l'annoncer. Elle vouloit jouer un peu
trop tôt le rôle de femme protégée.
Son indifcrétion nous fauva, & fut
caufe de fa perte.

Mr. L.... que j'avois vu souvent chez elle, & qui m'étoit fort attaché, vint nous avertir du malheur qui nous menaçoit. Il connoiffoit Manon depuis long-tems, pour fille d'efprit : il favoit de plus, qu'elle avoit demeuré autrefois chez Mr. N.... Il venoit pour concerter avec elle le parti qu'il falloit prendre.

Mr. L.... connoiffoit l'Exempt qui étoit chargé de l'ordre. Il fut le trouver, tandis que Manon agiffoit de fon côté auprès de fon ancien maître. Elle n'eut pas de peine à détromper Mr. N.... dont on avoit furpris l'équité. Il ne crut pouvoir mieux fe venger d'une femme qui étoit plutôt venue infulter à fon pouvoir qu'implorer fa juftice, qu'en lui faifant fubir la punition qu'elle avoit follicitée contre nous. Il changea l'ordre, & ce fut la Verne qui fut enlevée. Manon voulut avoir le plaifir

de la voir conduire à l'Hôpital : fatif-
faction humiliante qu'elle ne put jamais
me faire confentir à partager.

A tant d'allarmes fuccéda un plaifir
flatteur que je n'avois pas encore fongé
à gouter : c'étoit de me dire à moi-même : Je m'appartiens. Enfin, je pourrai me donner à mon cher de la V....
il me verra avec plaifir, je l'aimerai
fans partage ; mon bonheur va être
parfait.

Comme il étoit de la connoiffance
de Mr. L.... je le priai de lui enfeigner
ma demeure : il me le promit, & me
dit en partant, qu'il me l'ameneroit dès
le foir même. Quoi! dès aujourd'hui,
m'écriai-je, je verrois mon cher de la
V.... je pourrai lui peindre toute mon
ardeur ; je le verrai la partager. Quoi!
dès ce foir je lui entendrai dire dans
mes bras : Oui, ma chere de Launay,
je vous adore & n'adore que vous. Ef-

poir flatteur, jouiffance d'illufion , &
qui faites pourtant gouter un bonheur
réel; fenfation inconnue aux ames qui
n'ont point véritablement aimé, vous
rempliffiez mon ame toute entiére : je
n'exiftois plus que par vous ; quand
Manon qui m'avoit entendu foupirer,
entra dans ma chambre : je ne lui donnai point le tems de me demander ce
que j'avois : je courus à elle, & lui contai tout l'excès de mon bonheur, & la
forçai à le partager : elle fut fenfible à
toutes mes careffes, & me promit de
me fervir de tout fon pouvoir.

Je fus fort étonnée de voir rentrer
Mr. L.... Je lui demandai s'il m'amenoit Mr. de la V.... Il me dit qu'il ne
devoit le voir que le foir dans une maifon, où il lui avoit promis de fe trouver ; mais qu'il avoit une bien meilleure
nouvelle à m'apprendre ; qu'en fortant
de chez moi, il avoit rencontré un Marquis

quis de ſes amis qui ſeroit de notre ſoupé ; que c'étoit un homme à m'entretenir, ſi je voulois un peu le careſſer ; que
quoiqu'il ne fût pas très-riche, il four-
niroit toujours à la dépenſe du ménage ; que de plus je ſerois maîtreſſe de
le garder juſqu'à ce que je trouvaſſe
mieux : il ajouta que perſonne ne pouvoit mieux m'inſtruire de la façon dont
il falloit ſe comporter pour me l'atta-
cher, que Manon ; qu'il me laiſſoit avec
elle, en m'engageant fort de n'agir
que par ſes conſeils.

Manon s'apperçut que cette nouvelle
ne me faiſoit pas autant de plaiſir qu'elle
auroit dû m'en faire : quoiqu'un entreteneur flattât beaucoup ma vanité, je
craignois qu'il ne me fît perdre mon
cher de la V.... Je lui fis part de mes
allarmes ; elle me répondit en riant, qu'il
falloit que je fuſſe bien neuve, pour
croire qu'un entreteneur, quelque ri-

dicule qu'il fût, pût empêcher une fille d'avoir un Gréluchon; que la plupart n'en prenoient que pour ajouter à leurs plaisirs, & avoir un sacrifice de plus à faire à leur Amant. Elle me cita mille exemples, me nomma Mademoiselle C... fille d'un très-grand ton, qui avoit deux Entreteneurs & quatre Gréluchons, & qui les aimoit beaucoup tous six; Mademoiselle G.... que tout le monde entretenoit, & qui n'aimoit que sa Femme de chambre : elle m'assura même, que c'étoit politique entre les Amans; qu'un amour trop facile s'éteignoit bientôt, & qu'on voyoit peu de maris plus de trois mois amoureux de leurs femmes. Elle me conseilla de faire tout mon possible pour plaire à Mr. le Marquis, & s'engagea à me faire voir autant que je voudrois Mr. de la V....

Nous étions encore à prendre des

arrangemens pour tromper le Marquis, quand je vis entrer mon cher de
la V.... Je volai à lui, & tombai dans
fes bras, fans avoir la force de prononcer une feule parole. Je verfois des larmes de joie, qui exprimoient bien
mieux le plaifir que je fentois de le revoir, que tout ce que j'aurois pu dire.
Il me tenoit étroitement embraffée,
partageoit tous mes tranfports , &
m'accabloit de careffes. Nous goutions
en un moment tout le plaifir dont nous
avions été privés depuis huit jours que
nous ne nous étions vus. Il m'apprit
toutes les démarches inutiles qu'il avoit
faites dans Paris pour me trouver, fans
y avoir pu réuffir. Il me dit qu'il avoit
été informé du tour que la Verne avoit
voulu me jouer; qu'il m'avoit cherché
nuit & jour pour m'en avertir , & me
fouftraire aux mains de la Police; mais
que perfonne ne lui avoit pu donner

de mes nouvelles; que c'étoit Mr. L...
qui lui venoit d'apprendre le dénoûment de cette affaire, & le fort qu'elle
avoit eue; que c'étoit à lui à qui il devoit le bonheur de me voir.

Nos transports alloient recommen-
cer, quand Manon vint nous avertir que
Mr. L.... & le Marquis montoient. Je
mis, en peu de mots, mon cher de la
V.... au fait de tout. Il approuva fort
mes desseins, & me promit de faire
tout son possible pour se contraindre.

L.... me présenta Mr. le Marquis
de ***, en me priant de vouloir bien
le regarder comme son meilleur ami.
C'étoit un homme de quarante ans,
d'une figure ordinaire, dont les affaires
étoient un peu dérangées, & le Mar-
quisat en décret, quoiqu'il eût fort peu
vêcu avec les femmes, & qu'il n'eût
pas assez de fortune pour que l'on lui
fît accroire qu'il en étoit aimé.

Mr. le Marquis de ***, qui m'avoit
trouvé de son gout, me proposa après
soupé, de m'entretenir. Il me vanta
l'ancienneté de sa maison, me fit l'énumeration de tous ses titres, & finit par
me faire une offre qui tenoit de sa misére. Il ne pouvoit me donner que six
livres par jour, qu'il s'offroit de me
payer tous les matins, n'étant pas assez riche pour me faire les avances du
premier mois. C'étoit avoir une fille
à bon marché. Mais me trouvant vis-
à-vis de rien, il ne me convenoit pas
d'être si difficile. De plus, il m'avoit
dit qu'il ne pouvoit pas coucher chez
moi, parce qu'il demeuroit avec un on-
cle très-dévot, dont il héritoit, & que
pour cette raison il vouloit ménager.
Cette derniére condition m'arrangeoit
assez. J'acceptai son offre : il me donna
deux baisers pour arres du marché, &
me promit de venir prendre la quit-

tance de fon écu le lendemain. J'ai toujours été furprife que Mr. le Marquis
de *** fe fût ruiné. C'étoit l'homme le
plus d'ordre que j'aie jamais connu.
Tous les jours il me payoit fa dette,
& n'a jamais manqué d'en tirer le reçu.

Je paffois toutes les nuits dans les
bras de mon cher de la V.... Chaque
jour voyoit notre ardeur augmenter,
& nos plaifirs fe multiplioient à l'infi-
ni. Nous nous contraignions trop peu
pour que le Marquis de *** ne s'en apperçût pas bientôt. Il me fit quelques
reproches. Je lui répondis que fix livres ne donnoient point le droit d'ê-
tre jaloux; que la fidélité étoit la vertu
la plus chere chez les femmes; & qu'il
falloit autrement payer qu'il ne faifoit
pour l'exiger. Ma réponfe lui parut ca-
valiére; il en fit part à L.... Il favoit
tous les droits qu'il s'étoit aquis fur mon
efprit ; c'étoit un Mentor févére que

je craignois beaucoup, parce que j'é-
tois accoutumée à le craindre ; & de
plus, un protecteur néceffaire que j'a-
vois bien interêt de ménager.

Mr. L.... prit avec d'autant plus de
vivacité le parti du Marquis, qu'il en
partageoit l'offenfe. Il s'étoit cru jufqu'alors mon Gréluchon, & de plus,
Amant aimé. L'adroite Manon con-
duifoit tout, & m'aidoit à les tromper
tous deux. Il fut furieux d'apprendre
que ce fût un autre qui donnât de l'ombrage au Marquis, & que fes foupçons
fuffent fi bien fondés. Il vint me trouver, me traita comme la derniére des
créatures, & me quitta, en me difant
que je deviendrois ce que je pourrois;
mais qu'il m'abandonneroit entiérement fi je voyois davantage Mr. de la
V.... Je fus toute en pleurs, me jetter
dans les bras de ma chere Manon. Je
lui repétai tout ce que venoit de me

dire Mr. L.... & lui confiai toutes mes douleurs. Elle me dit que j'étois bien fole de m'affliger pour si peu de chose; que je n'avois qu'à m'habiller; que nous irions à la Foire où Mr. de la V.... devoit se trouver, & qu'elle prendroit avec lui des arrangemens pour nous faire passer la nuit ensemble.

Je regardois Manon avec étonnement. Le sang froid avec lequel elle méditoit un projet, & l'adresse avec laquelle elle le faisoit réussir, m'étonnoit toujours. L'expérience m'apprenoit tous les jours que rien ne lui étoit impossible. Je m'habillai, & nous fumes à la Foire, où il m'arriva une scéne, qui, sans sa prudence, & la bravoure de Mr. L.... m'auroit pu couter la liberté.

J'avois, depuis quelque tems, pris l'habitude de sortir en manteau de lit, galanment historié, avec un pied de rouge, dont les filles croient toujours ne pouvoir assez mettre. Manon, qui savoit les conséquences d'un pareil ajustement, me représentoit toujours que je la mettrois dans quelque embarras, & que c'étoit chercher des avantures qui étoient toujours très-desagréables, puisqu'elles nous faisoient noter à la Police, quand on étoit assez heureuse pour n'être pas menée à l'Hôpital. Sa prophétie pensa s'accomplir ce jour-là. J'étois descendue de mon fiacre, & me promenois dans les allées, la tenant accrochée sous le bras. Plusieurs Pages & Officiers à qui j'avois refusé la porte, jaloux de ce que Mr. de la V.... venoit chez moi, & qu'ils n'y étoient point reçus, avoient comploté de me boucaner à la Foire : c'étoit le terme dont se servoient ces Messieurs. Ils ne crurent pouvoir trouver une plus belle occasion : ils me barrerent le paſſage. Je voulus retourner ſur mes pas ; je me trouvai entourrée : chacun alors me lâcha ſon quolibet. Il y en eut un plus hardi qui propoſa aux autres de m'embraſſer tour à tour, & que celui qui baiſeroit au même endroit, payeroit une diſcrétion ; & comme propoſant du défi, il voulut en donner l'exemple.

Le bruit que cela occaſionna, fit aſſembler beaucoup de peuple : la garde ne tarda pas à venir voir ce qui arrêtoit tout le monde. J'étois enlevée, ſi l'adroite Manon n'eût pas profité du jour que la garde s'étoit fait, pour me faire évader, & entrer dans la ſale des Marionnettes, où elle me fit cacher ſous le théâtre. Les Pages ne voulant point ſe retirer, la garde étoit auſſi reſtée pour voir ce que cela deviendroit. Le monde s'aſſembloit de plus en plus ; & je puis dire que mon avanture penſa faire faire la fortune à Mr. Bienfait, tout le monde s'imaginant qu'il y avoit quelque chose d'extraordinaire dans le spectacle qu'il donnoit.

Cachée sous le théâtre, j'avois déja entendu trois représentations de la descente de Polichinel aux enfers, Piéce dont je me ressouviendrai par la peur que me fit le Héros la premiére fois qu'il descendit, suivi d'une douzaine d'autres Marionnettes, pour visiter le noir séjour des ombres : je crus voir arriver toute une escouade de Guet pour me saisir ; ma frayeur fut telle, que je me jettai à ses pieds pour implorer sa miséricorde.

J'aurois dans cet état passé toute la nuit, si Manon, qui étoit restée sur la porte pour imaginer quelque stratagême pour me faire sortir, n'avoit apperçu son mari. Elle l'appella, lui fit part de notre malheureuse avanture,

& l'envoya chercher Mr. de L.... qui devoit être dans la Foire à se promener. Effectivement il ne tarda pas à paroître ; le mari de Manon l'avoit mis au fait de ce qui nous étoit arrivé. Il commença par demander aux Pages & Officiers assemblés, ce qu'ils me vouloient, me fit sortir de ma retraite, en proposant au premier qui le trouveroit mauvais, de se couper la gorge avec lui. Sa bravoure me tira d'affaire. Je sortis sans craindre d'être insultée ; je pris un fiacre, où Mr. L.... entra avec nous, & me fis reconduire chez moi.

Mon étourderie l'avoit mis de fort mauvaise humeur ; il me traita comme je le méritois, & me dit que puisque j'avois envie de me conduire toujours à ma tête, il ne vouloit pas davantage entendre parler de moi. Ses reproches me touchèrent sensiblement ; il étoit fa-

cile de voir qu'ils partoient d'un cœur
que j'intereſſois, & qui m'étoit attaché.
Je ne pus m'empêcher de pleurer. Ses
procédés exigeoient quelque reconnoiſſance de ma part : je lui demandai
mille pardons. Manon de ſon côté
travailloit à l'appaiſer. Il ſe rendit à mes
larmes plutôt qu'à ſes ſollicitations, &
nous arrivames chez moi, la paix
faite.

Mr. L.... me quitta bientôt pour aller à ſes affaires. Il me promit de revenir ſouper avec le Marquis. Je fis reſ-
ſouvenir Manon de ce qu'elle m'avoit
promis ; elle me répondit que c'étoit
la connoître mal, que de la ſoupçon-
ner de m'avoir pu oublier ; que j'aurois
dû lui remarquer plus de zéle, quand
il s'agiſſoit de ſervir mes plaiſirs ; qu'elle
alloit retourner à la Foire où Mr. de la
V.... lui avoit donné rendez-vous ;
& que je pouvois compter, quelque

chofe qu'il arrivât, de l'avoir à paffer la nuit avec moi.

Je la vis bientôt revenir avec mon cher de la V.... Je n'avois pas encore eu le tems de lui dire combien je l'aimois, & je n'avois appris que par fes tranfports, qu'il m'étoit toujours fidéle, quand Manon vint nous avertir que quelqu'un montoit. Nous n'eumes que le tems de le faire entrer dans un cabinet qui me fervoit de garderobe. C'étoit Mr. L.... & le Marquis, avec deux de fes amis qu'il m'amenoit à fouper: ils me trouverent fort trifte. Je ne voulus point manger, ni me mettre à table, & ne dis pas un mot pendant tout le repas. Ils furent affez fimples pour attribuer ma mauvaife humeur à l'avanture qui m'étoit arrivée le foir, & à la leçon que m'avoit faite Mr. L.... elle n'étoit occafionnée, que par l'embarras où j'étois pour mon cher de la V....

Je craignois à chaque inſtant quelque curioſité indiſcréte de leur part. Un homme qui m'auroit mieux entretenue que le Marquis, auroit voulu faire part à ſes amis de ſes généroſités, & leur faire viſiter juſqu'à la cave. Une fille bien meublée fait honneur à ſon Entreteneur. Peu d'hommes malheureuſement ſont jaloux de ſe faire une réputation de ce côté-là.

Je liſois ſur leurs figures, que pour peu que je vouluſſe me livrer, & être fole à mon ordinaire, ils paſſeroient une partie de la nuit : c'étoit juſtement ce que je craignois, & ce qui m'avoit fait prendre le parti de bouder. Mon caprice les ennuya : ils me quitterent bientôt pour aller trouver quelque fille qui fût plus diſpoſée à les amuſer & à rire. C'étoit ce que je demandois. Ils ne furent pas plutôt ſortis, que je courus délivrer mon cher Priſonnier. Nous

nous mimes à table avec Manon, qui
nous fit beaucoup rire , en nous faifant part de tous les ftratagêmes qu'elle
avoit imaginés pour les faire fortir, s'ils
avoient voulu s'entêter à paffer la nuit
chez moi. Ses reffources étoient inépuifables : elle fit prefque feule tous les
fraix de la converfation. Mr. de la V....
& moi, les yeux fixés les uns fur les autres, nous y lifions toutes les fenfations
que nos cœurs éprouvoient : tendre
langage, jouiffance de l'ame, que vous
favez bien peindre tous les plaifirs que
deux Amans ont gouté ! avec quelle volupté vous leur en promettez de nouveaux ! Nous étions trop occupés de
notre bonheur pour refter plus long-
tems à table. Mon cher de la V.... me
porta dans fes bras fur un autel préparé
par l'Amour, azile du miftére & du filence. Ce Dieu feroit-il fi fûr de triom-
pher, s'il nous rendoit moins heureux ?

Par

Par combien de victoires ne nous fait-
il pas oublier une défaite qui est si nécessaire à notre bonheur? Déja quatre
fois ma bouche collée sur la sienne, avoit
reçu son dernier soupir; & quatre fois
par le partage de mon ame, j'avois créé
chez lui un nouvel être. Cher Amant,
il m'en souvient encore, tu ne recevois
la vie que pour m'en faire un nouveau
sacrifice ; je n'acceptois ton offrande
que pour avoir encore une fois le plaisir de partager avec toi mon existence.
Momens voluptueux , jouissance pré-
cieuse , instans dérobés à la divinité,
pourquoi durez-vous si peu ! craignez-
vous de vous multiplier aux dépens de
notre être? vous seuls nous attachez à
la vie : peut-on regretter de la perdre
par un excès de bonheur!

Epuisés de fatigue & de plaisirs , nous
commencions à gouter les douceurs du
sommeil, quand je fus réveillée par les

F

cris d'une jeune chatte que j'avois, dont un gros matou follicitoit les faveurs. Libertine comme je l'ai toujours été, je fus charmée de trouver un objet qui me retraçât le plaifir que je venois de gouter : il me fembloit avoir donné à toute la nature le fignal du bonheur ; tout me paroiffoit ne refpirer l'amour que pour perpétuer ma félicité. J'éveillai mon cher de la V.... pour qu'il pût partager avec moi un plaifir imaginaire, puifque nous ne pouvions plus jouir autrement. Voyons, lui dis-je, des heureux, puifqu'il ne nous eft plus permis de l'être. Il trouva mon idée bien fole, & prit pourtant plaifir au fpectacle.

Il n'eft point, je crois, d'animaux dans la nature qui fe faffent des déclarations d'un air d'auffi mauvaife humeur ; chaque agacerie reffembloit à une querelle qui alloit fe terminer par un combat fanglant. Le matou contoit

ses douceurs en jurant, & des coups de griffe étoient les faveurs dont la belle recompensoit sa tendresse. Nous voulumes raisonner de leurs amours. Mr. de la V.... tira nombre de conjectures sur tout ce qu'il remarquoit entre ces deux Amans. Il me dit que la résistance que l'on remarquoit chez la femelle, prouvoit plutôt une sage économie dans le plaisir que peu de panchant à le gouter. Il prit là-dessus occasion de badiner les femmes sur la facilité avec laquelle elles se prêtoient au plaisir, me dit que toutes leurs raisons ne servoient qu'à hâter leur défaite ; que, quoique bien mieux organisées, elles n'entendoient pas si bien leur interêt quand il s'agissoit de jouir ; que c'étoit toujours être dupe que de s'éloigner de la nature. Je voulus combattre son argument, & lui répondis que la facilité chez les femmes venoit plutôt de la connoissance qu'el-

les avoient du plaisir que de leur foi-
blesse ; que c'étoit être sage de savoir
être heureuse, & que je pensois qu'on
ne pouvoit trop se dépêcher de l'être ;
que si cependant il croyoit que la résistance ajoutât au plaisir , je saurois
me faire violence pour multiplier son
bonheur.

Il me prit au mot, & me dit que,
quoiqu'il commençât à me faire sa cour
dans le moment où les affaires du matou étoient en fort bon train, il me dé-
fioit de résister aussi long-tems que la
chatte. J'acceptai le pari ; & pour lui
prouver que je répondois de moi, je
lui dis que ce seroit l'instant de sa défaite qui décideroit du moment de notre
bonheur. Les agaceries que je voyois
faire à ma chatte, sembloient me dire que
ce moment n'étoit pas éloigné. Je crus
ne rien risquer à en faire au plus dangereux de tous les matoux. Les yeux

fixés sur elle, j'étudiois tous ses mou-
vemens. Mon cher de la V.... qui se
voyoit sûr du pari, en lisant dans les
miens qu'elle résisteroit trop long-tems
pour que je pusse le gagner, me disoit,
en riant, que je hasarderois trop; que
ma chatte étoit bien plus prudente, &
qu'il avoit bien envie de voir comment
je m'en tirerois. Je sentois à chaque instant que mon pari devenoit plus mauvais. Il ne me restoit plus qu'une foible lueur d'espérance que je vis bientôt
détruite par l'imprudence du matou.
Une patte mal-adroitement placée, permit à la chatte de se dérober; le matou
jura, la chatte donna des coups de griffe : les cartes se brouillerent. Je vis bien
alors le tort que j'avois eu de m'engager. Mon cher de la V.... plus adroit
que le matou, ne me permettoit pas de
m'échapper. Me trouvant prise, je lui
proposai le pari nul. Il me dit que non;

mais que si je perdois, il me proposoit ma revenche. Voyant qu'il falloit céder à la force, je voulus du moins mourir comme je m'étois défendue, & périr en Romaine. Le poignard étoit levé, je volois au devant de la mort. Percée de mille coups, j'adorois en expirant, le vainqueur qui me les portoit: mon ame étoit prête à m'abandonner; j'ouvrois une foible paupiére pour jouir en expirant, du plaisir de mourir vengée. Mon cher ennemi frappé des mêmes coups qu'il me portoit, sembloit même, en triomphant, me demander grace. J'entendis bientôt mon vainqueur soupirer; un même instant confondit nos deux ames. Quels momens, grands Dieux! Pour en connoître le prix, il ne suffit pas d'avoir joui, il faut avoir aimé. Tendres Amans, ce n'est qu'en vous les rappellant, qu'on peut vous les peindre.

Nous employames le reste de la nuit à réparer nos forces. Manon entra très-tard dans ma chambre; elle me trouva endormie dans les bras de mon cher de la V.... Elle eut la cruauté de nous réveiller pour nous dire qu'il étoit tems de nous féparer; que le Marquis ayant fait la vie pendant la nuit, il pourroit entrer chez moi de meilleure heure qu'à son ordinaire, & que nous ferions perdus, s'il nous trouvoit enfemble.

Nous nous rendimes à fes confeils. J'embraffai mon cher de la V.... qui me promit de me venir voir dès le lendemain, s'il lui étoit poffible. Plufieurs jours fe pafferent fans que j'euffe le plaifir de le revoir. Son abfence m'inquiéta. Quand on aime, on s'allarme facilement. Je lui écrivis une lettre, que Manon fe chargea de lui rendre. Elle apprit à l'Hôtel de C.... que Mr. le Prince étant allé à Verfailles, il avoit été obligé

de le fuivre, & qu'il devoit y refter plufieurs jours : cette nouvelle fut pour
moi un coup de foudre. Quand on aime
bien , la féparation eft le dernier des
malheurs.

Je propofai à Manon de l'aller trouver. Elle me répondit, que comme le
Marquis ne paffoit pas un jour fans me
voir, il ne feroit pas facile de s'abfenter
fans qu'il s'en apperçût, & que c'étoit
me brouiller avec Mr. L.... s'il venoit
à le favoir. Ses réflexions étoient très-
fages ; mais l'amour fe conduit peu par
les confeils de la fageffe. J'effayai de
flatter fon amour-propre : je lui dis
qu'elle avoit trop d'efprit pour ne pas
trouver une excufe , quand la faute feroit faite. La vanité eft un piége dont
peu de perfonnes fe méfient. Mon expédient réuffit. Nous fumes à Verfailles. J'étois logée à la Reine de France ;
je fis dire à mon cher de la V.... de s'y
ren-

rendre. Il fut auſſi enchanté de me voir, qu'il en parut étonné. Il me demanda ſi le Marquis m'avoit quitté ; je lui répondis que non, mais que j'avois volontiers conſenti à riſquer de le perdre pour avoir le plaiſir de le voir ; que mes interêts étoient bien peu de choſe quand il s'agiſſoit de mon bonheur. Nous paſſames pluſieurs jours enſemble toujours heureux. J'oublioi avec plaiſir les avantages que me faiſoit le Marquis. Le peu d'argent que je poſſédois, m'obligea bientôt de retourner à Paris. La premiére perſonne que j'apperçus en deſcendant du pot de chambre que j'avois pris, fut Mr. L.... Il étoit inutile de chercher à s'excuſer ; il ſavoit tout. Je voulus pourtant donner à mon voyage un prétexte de curioſité : ma défaite le mit ſi fort en colére, qu'il me donna deux ſoufflets. Ce procédé me rendit furieuſe : je me crus deshonorée à ja-

mais fi je n'en tirois vengeance; la feule
qui foit permife à notre fexe, eft d'exiger des excufes & une réparation au-
tentique. J'obligeai Mr. L.... à me fuivre chez le Commiffaire le Conte; je
lui peignis l'offenfe que j'avois reçue
avec tout le défefpoir que m'en prêtoit
le fouvenir. Mr. L.... ne répondoit
qu'en difant que j'étois une coquine;
qu'il alloit, en fortant de chez lui, me
faire enfermer. Manon prit la parole, & dit, qu'il étoit vrai que j'avois été
affez malheureufe pour l'aimer; que je
portois même dans mon fein un gage
de ma foibleffe, & un témoin qui me
préparoit, peut-être, une éternité de re-
grets. Le Commiffaire le Conte, bon
homme dans le fond, fut fenfible à l'é-
loquence de Manon, & parut touché
de mon état; il travailla à nous raccom-
moder. Le premier mouvement de Mr.
L.... étoit paffé : la nature qui parloit

chez lui, le trompoit en ma faveur. Il
fut flatté que je le cruſſe pere d'un enfant qui étoit un gage bien précieux de
la tendreſſe de mon cher de la V.... Il
m'étoit avantageux de ne le pas détromper; il falloit quelqu'un qui voulût s'en
reconnoître pere. Mr. L.... vouloit
bien s'en charger; il avoit plus de droit
pour s'abuſer, que la plupart des maris
qui ſe trouvent environnés d'une nom-
breuſe famille, ſans avoir jamais ſongé
à laiſſer d'héritiers. De ce moment ſon
amour augmenta de moitié; ſes attentions pour moi ſe multiplierent à l'in-
fini ; la reconnoiſſance lui donna des
droits réels ſur mon cœur; & ſi quelque
choſe peut tenir lieu d'un ſentiment au-
quel on ne peut commander, Mr. L....
n'eut rien à déſirer.

Soit que les revenus du Marquis fuſ-
ſent diminués, ſoit que ſon amour fût
éteint, je ne le vis plus depuis mon

voyage de Versailles. Je louai un appartement dans la rue Jacob, pour y faire mes couches : mon cher de la V.... m'y venoit voir de tems en tems. J'avois un gout décidé pour courir toutes les nuits : je faisois souvent cette partie avec lui, & plusieurs Pages de ses amis ; nous ne rentrions jamais que le matin. C'est un gout qui m'a duré dix années de ma vie, & qui m'a exposé à mille avantures nocturnes, les unes plus singuliéres que les autres. Ce panchant étoit si fort chez moi, que quand je ne trouvois personne pour m'accompagner, je sortois seule avec Manon ; quelquefois nous raccrochions pour nous amuser. Il y avoit un Caffé près des Thuilleries où j'étois fort connue, & où je menois mes bonnes fortunes, quelque heure de nuit qu'il fût. J'aimois assez à boire, & l'aurore me trouvoit souvent le verre à la main.

Je menai cette joyeufe vie jufqu'au moment où je devins mere d'un fils. Mr. L.... n'eut rien de plus preffé que d'aller, comme pere de l'enfant, fe faire infcrire à faint Sulpice, fur un grand livre, où l'Amour fouvent repréfente, & dont l'himen fait toujours les fraix. Pour faire les chofes plus en régle, il voulut régaler toutes les perfonnes qui avoient été employées à la cérémonie. Je vis bientôt arriver chez moi Marguilliers, Clercs & les Doyens de la confrérie des Cocus : ces Mrs. font preuve de cocuage comme d'autres le font de nobleffe ; il faut être marié pour être reçu frere , & avoir eu plufieurs femmes pour entrer dans les charges ; chaque nouvelle infidélité eft un dégré qui les conduit au Doyenné. Que l'on verroit de femmes zélées pour l'avancement de leurs maris, fi la marche de tous les états étoit la même que celle de la con-

G 3

frérie des gens mariés! Que de jeunes époux fe trouveroient étonnés, au bout d'une année de mariage, de fe voir parvenus aux premiéres dignités!

Toute la fainte Légende, commodément attablée, buvoit de fon mieux. Manon vint m'avertir que Mr. de la V.... étoit dans un cabinet pratiqué à côté de l'alcove où j'étois; il venoit pour voir fon fils; je le lui envoyai. Je voyois d'un côté mon cher de la V.... lui prodiguer toute la tendreffe qu'il avoit pour fa mere, de l'autre Mr. L.... reforcer les plus hardis buveurs de la troupe. Ce contrafte me fit beaucoup rire; c'étoit un tableau de la vie conjugale, où l'amour trouve toujours le fecret de friponner l'himen.

Relevée de mes couches, je me produifis fouvent aux fpectacles; je parus fréquenment aux promenades; manœuvre qui annonce toujours une fille

qui cherche à se faire entretenir. Mr.
B.... Colonel, devina le premier mon
dessein : il me proposa de vivre avec
moi. Ses parchemins n'étoient pas si
anciens que ceux du Marquis ; mais il
passoit pour jouir de plus de fortune :
libéral, mais sans conduite, devant plus
qu'il ne possédoit ; gros joueur, aimant
passionnément les femmes & la dépen-
se ; en un mot, Colonel de toutes les
façons. Les offres qu'il me fit, tenoient
de sa générosité ; mais son peu d'arran-
gement ne lui permit jamais d'y satis-
faire. Nous convinmes de vingt-cinq
louis par mois ; il me loua un appartement dans la rue Château-Bourbon, où
je fus demeurer : quoiqu'il ne m'en
ait jamais payé le premier sol, je fus sen-
sée lui appartenir pendant deux mois,
toujours dans l'espérance de toucher
mes appointemens. Sa façon d'entretenir n'étoit point ruineuse ; aussi avoit-il

vingt Maîtresses dans Paris qui lui com-
posoient une espéce de Serrail libre.
Pendant les deux mois que j'ai eu l'honneur d'être au nombre de ses Sultanes,
il ne me fit que deux fois la grace de me
jetter le mouchoir. Je dois lui rendre
une justice; c'est que j'étois aussi peu gê-
née avec lui, qu'il me payoit mal.

Il n'auroit pas été sage à Mr. B....
d'être jaloux , & il avoit trop d'esprit
pour ne pas respecter son bonheur.
Comment d'ailleurs s'assurer de la fidélité de vingt filles répandues dans les
quatre coins de Paris ? Tous les Eu-
nuques de la Turquie voudroient en
vain en répondre; elles sauroient bientôt mettre toute leur prudence en défaut, & tromper leur jalouse servitude.

Il n'est quelquefois pas mal que des
filles sacrifient quelque chose de leur
interêt, en préferant pour entreteneur,
des gens de nom, qui les paient très-

mal, à d'honnêtes particuliers, qui feroient dans le cas de faire leur fortune :
ceci fert à les faire connoître ; elles ont
pourtant l'attention d'en excepter nos
bons Fermiers qui ont le pas fur la naif-
fance. Avoir des gens titrés fur fon
compte, fe faire de protecteurs d'un
certain rang, eft la manie de toutes les
filles qui veulent être du bon ton. Combien de ces Seigneurs qu'elles recher-
chent, vont diftribuer des protections
dans les cinq & fixiémes de la rue Saint-
Honoré ? N'importe : il eft auffi effen-
tiel à une jolie fille qu'on voie entrer
tous les jours chez elle deux ou trois
coureurs & cinq ou fix grands domef-
tiques, dont la livrée foit de remar-
que, que d'avoir un Gréluchon.

J'avois toujours entendu dire qu'honneurs ne raffafient point ; j'en fis la trifte
expérience avec Mr. B.... Plufieurs
fois je fus vingt-quatre heures fans man

ger; & je crois que je ferois morte de faim, fi les Pages, & fur-tout de la V... ne m'avoient envoyé leurs portions de l'Hôtel, quand ils ne pouvoient pas la venir manger avec moi : c'étoient eux tous qui m'entretenoient, & tous jouiſ-foient des droits d'un entreteneur; tous rivaux heureux, & trop amis pour ne pas partager les mêmes plaiſirs. Je ne remarquai jamais entre eux aucun pro-cédé deſobligeant : auſſi d'accord dans leur bonheur, que tous portés à faire des folies, il ne nous paſſa point une idée dans la tête, ſi extravagante & ſi fole qu'elle fût, que nous n'exécuta-mes. Peignez-vous, Madame, tout ce que peut imaginer une fille libertine à l'école de cinq ou ſix Pages.

Un jour de Meſſe de minuit, ils me propoſerent de courir les Egliſes ha-billée en Page. Qu'une fille a d'eſprit ſous cet habit! il n'eſt point de malice qu'on ne m'eût appris, & point d'étourderie dont je ne me sentisse capable. Manon qui me connoissoit, voulut m'accompagner, de peur qu'il ne m'arrivât quelque scéne où elle fût nécessaire pour me tirer d'embarras : de plus, elle savoit que sa présence m'en imposoit.

Nous fumes à saint Sulpice, où je me fis un plaisir de déranger tout le monde, pour percer à la Sacristie. J'y parvins, après avoir fait perdre patience à cinq ou six Dévotes, que mon étourderie empêcha de faire leur bonjour, par la mauvaise humeur que cela leur occasionna. La bile des Dévots s'échauffe facilement : les confitures & les liqueurs dont ils se nourrissent, font des matiéres combustibles qu'ils emploient plutôt pour réveiller chez eux la nature éteinte par l'excès des plaisirs, que pour réparer les foiblesses oc-

casionnées par des austérités imaginai-
res dont ils font parade, & qu'ils font
servir de prétexte à leur intemperance.

J'étois à me chauffer autour d'un
poêle avec plusieurs apprentifs Prê-
tres. Un d'eux, qui avoit la direction
de l'encensoir, m'ordonna, d'une façon
impertinente, de me déranger, pour
qu'il pût prendre du feu. Le ton impé-
rieux avec lequel il me parloit, me le
fit envisager; sa figure m'étoit très-con-
nue; mais je ne pouvois me le remettre, tant son ajustement le déguisoit:
je me le rappellai à la fin; je l'avois
beaucoup vu chez la Verne, où il se
donnoit pour Officier de marine. He,
bon jour, Mr. le Capitaine de haut
bord, lui dis-je tout haut, en lui ser-
rant la main. Mon compliment décon-
certa Mr. le Séminariste: il perdit tout-
à-fait la tête en me reconnoissant, au
point qu'il me répondit: Mademoisel-

le, je ne te connois point. Le mot de Mademoiselle fit beaucoup regarder & rire tout le monde. Mon Sulpicien étoit rouge jusques dans le blanc des yeux, & son imprudence m'avoit mis fort mal à mon aise : quand je vis mon sexe découvert, je pris le parti de me retirer, en l'avertissant d'avoir une autre fois plus de politesse pour les Dames de ses amies.

Cette petite avanture m'apprit bien que les honneurs ne font point ce qu'ils paroissent. Mr. le Séminariste, qui étoit le tapageur le plus renommé qui vînt chez la Verne, ne devoit sa bravoure qu'à une perruque noire & un chapeau retapé, dont il se servoit les jours qu'il alloit en bonne fortune.

Je fus retrouver Manon & les Pages, à qui je contai l'histoire qui venoit de m'arriver ; il n'y eut que Manon qu'elle ne fit pas rire : elle savoit qu'il

étoit moins dangereux de tuer dix fen-
tinelles en faction, que d'infulter un
Prêtre à fon pofte. L'habit que je portois, & qui étoit très-connu, lui faifoit
tout appréhender. Ses allarmes heureufement ne furent point juftifiées, &
je n'ai point depuis entendu parler de
Mr. le Militaire tonfuré.

J'attendis encore pendant quelque
tems les vingt-cinq louis que Mr. B....
m'avoit promis de m'apporter. Manon ne le voyant point revenir, me
confeilla de le mettre au nombre de ces
Seigneurs qui ne paient que de leur
protection & de leur nom, & me confeilla fort de fonger à trouver un autre
entreteneur.

Nous étions dans le tems du Carna-
val : je favois que le Bal étoit un endroit propre pour faire des connoif-
fances utiles : mon embarras étoit que
je n'étois pas affez riche pour louer un

domino. Je fis part à Manon de mon deſſein, & lui propoſai de mettre un fort beau collier de grenat que j'avois, en gage. Elle me répondit qu'elle ſauroit bien me faire trouver un déguiſement, ſans avoir recours aux uſuriers, & que je n'étois pas aſſez riche pour m'en ſervir.

Manon m'ayant procuré un déguiſement, je fus au Bal avec elle, joliment parée : j'étois aſſez bien faite, & j'avois un petit deshabillé de payſanne éléganment hiſtorié, qui faiſoit encore valoir la fineſſe de ma taille. Je fus beaucoup ſuivie par tous les agréables du Bal, qui étoient déſeſpérés de ne me pas connoître ; & je puis dire que j'eus tout le plaiſir du déguiſement. Je ſentois fort bien que ſi je cédois aux ſollicitations qu'on me faiſoit pour me démaſquer, ma cour dans l'inſtant diminueroit. La curioſité fait faire au Bal les trois quarts des démarches que l'on y fait. Je voulois jouir le plus long-tems qu'il me feroit poſſible, du plaiſir de voir mes rivales humiliées par les préférences marquées que tout le monde s'empreſſoit à me faire ; nous n'avions mis perſonne dans le ſecret; Manon n'étoit point connue, & moi je ne l'étois pas aſſez pour craindre d'être devinée une premiére fois que je paroiſſois au Bal.

Depuis le moment que j'y étois entrée, j'avois remarqué un maſque qui s'étoit gliſſé dans la loge où Manon étoit aſſiſe, & qui n'avoit ceſſé de lui parler ; je me doutai bien qu'ils traitoient d'affaires qui me regardoient: mes intérêts pouvoient-ils être mieux qu'entre les mains de ma chere Manon ? Elle me fit bientôt ſigne de la rejoindre. Nous quittames le Bal, quoiqu'il fût encore très-bonne heure. Je n'eus

rien

rien de plus preſſé que de lui demander ſi elle avoit réuſſi : elle me répondit que je n'avois qu'à la ſuivre, & que
je ſerois informée de tout.

Nous trouvames à la porte l'inconnu
que j'avois vu ſi long-tems lui parler;
il me préſenta la main pour monter
dans ſa voiture; Manon y entra auſſi;
il nous conduiſit dans un appartement
qu'il avoit à l'Hôtel d'Eſpagne dans la
rue de Tournon : je n'ai vu de ma vie
un homme auſſi tendre & auſſi paſſionné que l'étoit Mr. D....; il étoit de-
venu amoureux, fou de moi au Bal,
ſans me connoître. Quand nous fumes
arrivés dans ſon appartement, il me
fit bien voir combien il ſe trouvoit heureux de me poſſéder : tous ſes mouve-
mens devinrent des tranſports; il n'y
eut point d'endroit de mon corps qui
n'eût part à ſes careſſes : tantôt je le
voyois à mes pieds me jurer mille fois

H

qu'il m'aimeroit toujours ; l'inſtant d'a-
près me tenant étroitement ſerrée dans
ſes bras, il me peignoit toute ſa tendreſſe, me parloit de la vivacité de ſon
amour, & m'accabloit de mille baiſers
enflammés : trop heureux pour pouvoir l'être davantage, l'excès de ſa flamme s'oppoſoit à ſon bonheur. J'avois
ignoré juſqu'alors que le trop d'amour
fût un obſtacle à la jouiſſance ; je regardois déja ſon état comme un affront
fait à mes charmes ; affront que les femmes , quelque Philoſophes qu'elles
ſoient, ne pardonnent jamais.

Mr. D.... s'apperçut d'un petit mouvement de dépit qui m'échappa malgré moi ; ſon amour en fut offenſé. Ma
chere De Launay, me dit-il, rendez-
vous plus de juſtice, & n'inſultez point
au malheur du plus tendre & du plus
paſſionné des Amans : que dis-je ? ce
n'en eſt point un, puiſqu'il n'eſt occa-

fionné que par l'excès d'une flamme qui fera toujours mon bonheur. Oui, charmante De Launay, ajouta-t'il, fi je pouvois vous aimer moins, je ferois bien plus sûr d'être heureux.

Ce charme magique qu'on ne peut définir, enfin ceffa : fon bonheur que je partageois, fut bien, en me détrompant, le juftifier. Mr. D.... étoit très-jeune, & avoit trop peu vécu pour être dans le cas de manquer aux femmes d'une façon auffi offenfante pour leurs charmes, qu'humiliante pour le coupable. Mille fois pendant le tems que je lui ai appartenu , j'ai gouté autant de plaifir à me rétracter, qu'il en avoit pris à fe juftifier.

Quand il fut un peu plus calme, il me fit part des arrangemens qu'il vouloit prendre pour vivre avec moi : il n'avoit eu que le tems d'inftruire imparfaitement Manon des précautions

dont il étoit obligé d'user pour me voir.
Il nous dit que sa famille le destinant à
l'état Ecclésiastique, il étoit forcé de demeurer au Collége d'Harcourt, où il
faisoit ses derniéres études ; qu'il avoit
cet appartement pour y venir de tems
en tems faire des parties fines avec ses
amis ; qu'il vouloit que je l'occupasse ;
que j'aurois pour voisine la petite Berville, fort aimable fille que son cousin
entretenoit ; que si sa société pouvoit
me convenir, nous ferions souvent des
parties quarrées ; qu'elles étoient toujours plus libertines & plus amusantes
qu'un tête-à-tête ; que pour ce qui étoit
de ma fortune, il vouloit en prendre
soin, & que j'aurois lieu d'être contente
de la façon dont il en agiroit avec moi.

J'aurois été très-heureuse avec Mr.
D.... si j'avois pu lui être plus fidéle,
ou plutôt si j'avois été un peu moins libertine. Mr. de la V.... commençoit à

me venir voir bien plus rarement; je
ne le voyois plus avec autant de plaifir, & nous n'ofions nous dire que nous
nous aimions moins. S'il en coute pour
être inconftant , on s'avoue difficilement infidéle : erreur de deux Amans
pour qui l'illufion eft encore une forte
de bonheur , & qui voudroient être
conftans , même après le changement.

Je voyois toujours Mr. L.... mais
comme un Mentor & un ancien ami;
il me falloit donc quelqu'un avec qui je
puffe partager mon cœur. J'aimois affez Mr. D.... & j'avoue qu'il auroit eu
toute ma tendreffe, s'il ne m'avoit point
entretenue : mais le moyen de convenir d'un gout qu'on peut foupçonner
n'être guidé que par l'interêt? ou plutôt comment ne voir qu'un homme,
& voir toujours le même quand on eft
d'un temperament libertin ?

J'avois vu plufieurs fois avec Mr.

L.... Mr. de C.... Page de Mr. le Prince de C....; sa figure m'avoit paru auſſi intereſſante, que j'avois remarqué chez lui de plaiſir à me voir. Je formai le deſſein d'en faire mon Gréluchon; les avances coutent peu, quand on aime & qu'on ne trouve point de pré-jugés; je fis ma cour à Mr. de C.... je voulus lui dire la premiére que je l'ai-mois; ſes yeux m'avoient déja préve-nu; ils m'avoient peint la vivacité de ſes déſirs; j'y avois lu tout mon bon-heur avant que d'y avoir vu naître le plaiſir que lui faiſoit éprouver l'aveu du plus tendre retour. Quand une fem-me a laiſſé lire dans ſon cœur; quand le ſecret de ſon ame lui eſt échappé; quand une fois elle a prononcé un je vous aime, qu'il lui en coute peu pour couronner l'amour de l'objet qui a ſu l'enflammer! Mr. de C.... voulut ſe mettre à mes genoux; je me jettai dans ſes bras ; je l'aimois : pouvois-je trop tôt le rendre heureux ? Ma défaite lui annonça ſa victoire. Amour, ce n'eſt que ſous tes étendarts que le vaincu & le vainqueur triomphent. Je liſois dans ſes yeux tout le plaiſir que ſon ame éprouvoit, & vouloit me faire partager : les miens étoient remplis de ces larmes précieuſes que l'amour ne fait verſer qu'à ſes favoris ; tendreſſe, déſirs, tranſports, tout nous devint commun ; ma bouche étroitement collée ſur la ſienne, lui communiquoit tous mes ſoupirs ; ſa langue étoit un trait qui faiſoit paſſer chez moi tout le feu qui le conſumoit. Amour, nous avions réuni nos deux ames pour mieux ſentir tes tendres faveurs ; ſi tu nous avois conſeillé de doubler notre être, c'étoit pour multiplier nos plaiſirs.

Mr. de C.... & moi nous jouiſſions d'un bonheur tranquile : je goutois tous

les jours dans ſes bras tout ce que l'a-
mour accorde de plaiſirs à deux cœurs
bien unis ; je ſavois les jours que Mr.
D.... devoit venir oublier avec moi les
ennuyeuſes vérités de la Logique :
quoique je ne lui donnaſſe que deux
leçons par ſemaine, je vis en peu de
tems mon éléve en état de bien mieux
ſoutenir une théſe d'amour, qu'un ſiſ-
tême ſcholaſtique.

J'étois trop bien informée des jours
de congé pour me laiſſer ſurprendre
avec Mr. de C....S'il l'eût trouvé avec
moi, il eût tiré des conféquences ; & il
y avoit tout à craindre d'un homme
qui apprenoit à raiſonner juſte. Mr.
D.... n'étoit pourtant pas ſans inquié-
tude, ni même ſans ſoupçon : il avoit
appris par la petite Berville, avec laquelle je m'étois brouillée, qu'il venoit
ſouvent chez moi un Page : il connoiſſoit trop mon foible pour cet état ; mais

en

en même-tems il voyoit l'impoſſibilité qu'il y avoit de s'aſſurer de ma fidélité dans un Hôtel garni, où deux cens perſonnes avoient le droit d'entrer à chaque inſtant.

Il ſut déguiſer ſes ſoupçons, & me propoſa d'aller demeurer dans la rue du Paon : des raiſons aſſez ſages l'engageoient à me faire changer d'appartement ; il craignoit, me dit-il, de rencontrer quelqu'un de connoiſſance dans l'Hôtel qui informât ſa famille de la vie qu'il menoit avec moi. Je me rendis facilement à une propoſition, qui en aſſurant mon ſort, paroiſſoit perpétuer mon bonheur.

Je fus demeurer dans mon nouvel appartement, ne ſoupçonnant nullement que la jalouſie eût eu part à la manœuvre de Mr. D....; je continuai à voir Mr. de C.... avec auſſi peu de précaution qu'auparavant. L'Hôteſſe

étoit gagnée ; Mr. D.... l'avoit mis dans
fes interêts ; elle fut l'informer de tout.
La premiére fois qu'il me vint voir, il
m'en fit de fanglans reproches. Je voulus me juftifier ; il me dit pour me con-
vaincre, les circonftances, me cita l'heure, le moment, & me dépeignit trop
bien Mr. de C.... pour que je puffe
foupçonner d'être trahie par une autre
que par la maîtreffe de la maifon. Je
fus forcée de convenir qu'il étoit vrai
que je le voyois quelquefois ; que c'é-
toit un ancien ami ; mais que le cœur
n'y avoit aucune part ; & qu'il favoit
trop bien qu'il étoit le feul qui interef-
fât ce cœur qu'il offenfoit. Il me répondit qu'il croyoit mon aveu fincére ; que
mes intentions pouvoient être fort
bonnes, & ma conduite droite ; qu'il
vouloit bien croire que je favois dif-
tinguer les droits de l'Amant de ceux
de l'ami ; mais qu'il ne vouloit point

de partage, sinon qu'il chercheroit un cœur qui méritât le sien. Je lui promis de ne plus voir Mr. de C.... puisqu'il lui faisoit ombrage, & fus prendre, dès qu'il fut sorti, des arrangemens avec Manon, pour le voir le plus souvent que je pourrois.

Ce petit mouvement de jalousie avoit réveillé chez moi un sentiment qu'une jouissance trop facile auroit bientôt éteint : j'aimois davantage Mr. de C.... depuis qu'on m'avoit fait promettre de m'en séparer ; c'étoit pour ajouter à mon bonheur que Mr. D.... vouloir s'opposer à mes plaisirs. J'écrivis une lettre à mon Amant, où je l'informois de tout ce qui s'étoit passé, & le mettois au fait de ce que nous avions concerté Manon & moi, pour le faire entrer sans que l'Hôtesse s'en apperçût.

Il se rendit à l'heure marquée, dans une petite cour voisine, sur laquelle une des fenêtres de mon cabinet donnoit. Nous avions cru pouvoir lui procurer une échelle de corde; mais il avoit été impossible à Manon d'en trouver. Mon Amant montroit autant d'empresse-ment pour me venir trouver, que j'é-rois désespérée de ne pouvoir lui en procurer le moyen.

Nous étions dans le dernier embar-ras, quand l'adroite Manon s'avisa d'un stratagême qui lui réussit : elle noue les deux draps de mon lit ensemble, & en attache un des bouts à ma croisée. Mr. de C.... fut bientôt dans mes bras; un peu de difficulté assaisonne le plaisir, & le rend plus piquant. Je passai la nuit la plus délicieuse que j'eusse encore passé avec lui. Manon qui ne songeoit qu'aux moyens de tromper notre Argus, le fit sortir le matin avec l'habit de son mari. Nous usions du même stratagê-me, toutes les fois que nous voulions nous voir. Depuis que j'avois trouvé le moyen de furprendre la jaloufe prudence de mon Hôteffe, Mr. D.... commençoit à me voir fans allarmes; fes foupçons étoient prefque évanouis, quand un malheur penfa tout découvrir; fans la préfence d'efprit de Manon, nous étions tous perdus fans reffource.

Après avoir couru toute la nuit avec Mr. de C.... nous étions rentrés nous coucher à la pointe du jour. Il étoit deux heures après-midi que je repofois encore dans fes bras : on frappe à ma porte; j'entens la voix de Mr. D....; j'appelle Manon, qui fe léve à moitié endormie; je lui dis que nous étions perdus; que c'étoit mon entreteneur; que j'avois reconnu fa voix. Le danger preffoit; elle ne trouva point de meilleur expédient que de faire entrer Mr. de C... dans fon lit: elle lui mit fur la tête un mauvais bonnet de laine qui étoit de la toilette de nuit de son mari, & cache à la hâte ses habits sous sa couverture. Mr. D.... s'impatientoit à la porte, & frappoit comme un sourd. Manon va lui ouvrir tout en grondant & se frottant les yeux. Il demande pourquoi on l'avoit fait attendre si long-tems, & que nous n'étions point levées à l'heure qu'il étoit : la question étoit embarrassante ; mais Manon manqua-t'elle jamais d'un prétexte qui eût, au moins, un vernis de vraisemblance ? Elle avoit très-bien conduit tout jusqu'à ce moment ; elle sut entiérement nous tirer d'affaire par une maladie supposée : elle dit à Mr. D.... qu'il étoit bien mal adroit de venir me réveiller ; que j'avois eu une colique de *miserere* toute la nuit, qui lui avoit fait appréhender plusieurs fois pour ma vie, & qu'il n'y avoit pas plus d'une heure que je repofois; que m'ayant vu endormie, elle avoit auffi voulu aller fe coucher; mais qu'elle n'avoit jamais pu refter à côté de fon mari qui étoit rentré le matin ivre comme un cocher, & qui puoit le vin au point de ne pouvoir pas en approcher.

Manon donnoit un air de vérité à tout ce qu'elle difoit, dont on ne pouvoit fe garantir d'être dupe. Mr. D.... fut au lit où étoit couché fon prétendu mari; & tirant Mr. de C.... par le bras: He bien, bon homme, lui dit-il, vous aimez donc à boire? Fi; il eft bien mal de venir trouver fa femme quand on n'eft en état que de dormir.

Si j'ai jamais éprouvé un moment critique dans ma vie, ce fut dans cet inftant : dix fois je fus au moment de faire un cri, qui auroit tout découvert. Je ne revins de ma crainte que quand j'entendis Mr. D.... s'approcher, fur la pointe du pied, de mon lit : je vis bien que mon rôle étoit de contrefaire la dormeuse ; la frayeur que j'avois eue, m'avoit mis dans un état très-propre à faire valoir le mensonge de Manon. Il lui dit qu'effectivement il me trouvoit bien changée ; il ajouta qu'il avoit chez lui une eau dont la bonté étoit reconnue pour toutes sortes de coliques, & l'effet immanquable ; qu'il alloit en chercher, de peur qu'il ne me prît une seconde attaque.

Que je me trouvai soulagée, quand je vis Mr. D.... sortir de ma chambre ! Je courus me jetter au col de ma chere Manon ; je l'embrassai mille fois : elle me porta sur le lit de Mr. de C.... ; une sueur froide qui s'étoit répandue sur tout mon corps, avoit glacé mes sens ; il me réchauffa dans ses bras ; je sentis bientôt une douce chaleur courir dans mes veines : il sembloit que mon Amant

partageoit avec moi fon exiftence : l'A-
mour n'eft jamais fi tendre qu'après les
allarmes ; s'il vous rappelle les dangers
qu'il vous a fait courir , ce n'eft que
pour avoir le plaifir de vous en dédommager , & de vous faire mieux fentir le prix de fes faveurs.

Nous allions quelquefois Manon &
moi, paffer la journée avec Mr. D....
Quoiqu'il fût dans un Collége, il avoit
trouvé le moyen de nous faire entrer
par une petite porte de derriére, fans
être apperçues : il n'y avoit que fon domeftique qui fût dans le fecret. L'idée
de me voir feule de femmes cloitrées,
avec cinq ou fix cens hommes, m'amufoit beaucoup : je jouiffois en illufion,
des droits d'un Sultan au milieu de fon
Serrail : je ne fais ; mais j'avois plus de
plaifir à être libertine dans la cellule de
Mr. D.... que chez moi. L'ordre, l'efpéce d'uniformité qui regne dans ces

fortes de maiſons que je m'imaginois
déranger, les précautions qu'il falloit
prendre pour jouir ſans oſer ſoupirer,
& pour empêcher que le lit ne fût in-
diſcret; la ſingularité, le miſtére, tout
ſembloit ajouter à mes plaiſirs; enfin,
j'avois la douceur de gouter un plaiſir
défendu.

Je fus ſi ſouvent en retraite, que tout
fut découvert: le Principal fut informé
du ſexe de ſon nouveau Penſionnaire;
c'étoit une faute irréparable, une choſe
ſans exemple, enfin un crime de léze-
cagoterie. Mr. D.... fut obligé de quitter le Collége; malgré toute la diſpoſi-
tion qu'il faiſoit voir pour l'état Ecclé-
ſiaſtique, ſa famille jugea à propos de
lui faire troquer ſon petit collet avec
un Régiment: il n'y eut que moi qui
perdit au change; un Militaire ne vaut
point un Homme d'Egliſe pour le ſer-
vice d'une femme; il ſemble qu'il y ait

une grace particuliére répandue sur cét état, attachée à l'habit, & entiérement indépendante de la valeur intrinséque.

On alloit entrer en campagne ; le moment de ma disgrace approchoit; Mr. D.... avoit déja des ordres pour rejoindre ; un Domestique inconnu m'apporta un matin une boite; il me dit qu'il avoit ordre de me la remettre en main propre, & se retira, sans vouloir jamais me dire de quelle part elle m'étoit envoyée. Je l'ouvris avec empressement; je fus étonnée d'y trouver un petit carosse à six chevaux, avec plusieurs piéces de vers, & un billet, où on me marquoit que la famille de Mr. D.... étoit trop flattée de son choix, pour ne pas suppléer au peu de fortune qu'il me laissoit en me quittant; qu'une femme comme moi méritoit bien, au moins, d'avoir un équipage, & qu'on me supplioit d'accepter celui que l'on étoit trop heureux de pouvoir m'offrir. Je n'ai jamais pu favoir qui étoit l'auteur de cette mauvaife plaifanterie, & n'ai point vu depuis Mr. D....

Le peu que j'avois pu mettre de côté pendant le tems que j'avois été entretenue, fut bientôt diffipé : je me trouvai une feconde fois dans la plus grande mifére ; j'avois tout mis en gage pour fubfifter : nous étions dans une faifon morte. En Eté les parties font très-rares ; de plus, la guerre avoit enlevé le peu de Militaires qui font vivre les filles, pendant que les gens riches font fur leurs terres à recolter dequoi fournir à leurs folies, & les faire briller pendant l'Hiver.

Voyant qu'il étoit inutile de paroître aux Thuilleries & au Palais Royal, je pris le parti que Manon me confeilloit depuis long-tems : il falloit nous féparer ; c'étoit ce qui m'avoit toujours fait différer. J'aimois Manon plus que moi-même ; auſſi jamais fille fut-elle ſi bien ſe plier à tous mes caprices , & faire réuſſir toutes mes folies : je la quittai, en lui faiſant promettre de rentrer avec moi dès que ma fortune auroit changé de face. Des arrangemens différens, ſurvenus depuis, nous ont empêché de nous rejoindre.

Je fus demeurer chez Madame Silveſtre , femme du monde , entremetteuſe du bon ton , qui ſe mêloit de faire faire des parties avec toutes les filles entretenues de Paris. Madame Silveſtre ne recevoit chez elle que des filles jolies, qui ſe trouvoient endettées pour avoir reſté trop long-tems ſans entreteneur ; elle commençoit par aquitter toutes leurs dettes , & s'en dédommageoit enſuite amplement ſur le produit des parties qu'elle leur faiſoit faire. J'étois dans le cas, je devois, & ne poſfédois rien ; d'ailleurs, on trouve plus facilement chez ces fortes de femmes un entreteneur , qu'étant condamnée par la mifére à habiter un cinquiéme à crédit.

Il venoit chez Madame Silveftre un homme affez commun dans fon efpéce ; c'étoit un vieux Financier, mulet chargé d'or , paillard honteux , & de plus vieillard avare ; je pouvois même ajouter gros & court , le portrait n'en feroit que plus reffemblant. Ce vieux pécheur avoit fait un marché qui en apparence, étoit très-avantageux pour Madame Silveftre ; mais qui l'auroit ruiné à la longue , autant par les effais différens qu'elle étoit obligée de faire , que par le tems qu'elle y employoit, fans y pouvoir réuffir. Elle n'avoit pu encore être rembourfée de quantité de menus fraix, que l'extinction de chaleur chez Mr. P.... lui avoit occafionnés : le mémoire des balets étoit un article qui montoit très-haut, & qui n'avoit rien rapporté, tant il étoit familiarifé avec cet émétique de la nature.

Madame Silveftre me fit part des conventions qu'elle avoit arrêtées, & fignées avec ce vieux paillard. Il étoit tombé d'accord de payer quatre louis toutes les fois qu'on pourroit lui faire prendre du plaifir ; mais que quand on ne pourroit y réuffir, les tentatives feroient gratis, & les fraix pour la fociété des entrepreneurs. Quatre louis étoient bons à gagner. Quoique Mr. P.... eût été jufqu'alors le défefpoir de toutes les filles qui venoient chez Madame Silveftre, il n'étoit pas ufé au point de défefpérer d'en tirer parti. La première fois qu'il vint à la maifon, ce qui lui arrivoit deux fois la femaine, on me le mit entre les mains : l'air affuré avec lequel je lui promis de ga-

gner fon argent, lui fit plaifir ; il me dit
qu'il feroit charmé de le perdre avec
moi ; que je portois une figure qui lui
promettoit d'y réuffir. Le bon homme
étoit fort en complimens ; mais c'étoit
tout : je favois qu'un vieux Financier
devoit avoir le cœur dur ; mais je ne
croyois pas qu'il y en eût, dont l'écaille
fût à l'épreuve de toutes les careffes
d'une jolie femme. Mr. P.... étoit un
Héros en ladrerie ; une ftatue auroit
été moins infenfible : le marché qu'il
avoit fait, avoit une apparence de gé-
nérofité dont Madame Silveftre étoit
dupe : c'étoit parce qu'il fe flattoit qu'on
ne pourroit jamais le faire payer, qu'il
avoit cru ne rien hazarder à tant promettre. J'étois depuis deux heures avec
Mr. P.... & j'avoue que j'étois au bout
de mon latin ; je commençois même à
défefpérer de pouvoir réuffir. Mon
ladre s'applaudiffoit dans le fond de
l'ame

l'ame d'avoir encore eu une féance gratis, quand je m'appercus que l'approche d'un jupon de laine que j'avois, ranimoit un peu chez lui la nature qui étoit infenfible à toute autre épreuve.

Dans les grandes entreprifes, les chofes qui paroiffent le moins de conféquence, ne font point à négliger; c'eft au hazard que l'on doit les trois quarts des grandes découvertes : je fus à la fource de la mienne, & fus en peu de tems affurée que la laine étoit un aiman pour Mr. P.... qui attiroit à l'endroit frotté tout ce qui reftoit chez lui de chaleur naturelle; c'étoit déja beaucoup, mais ce n'étoit point encore affez pour gagner fon argent : ce n'eft qu'à force d'expériences que l'on parvient. Je remarquai que je perdois, en une feconde, tous les fruits du travail d'une demi heure ; en un inftant de repos je voyois les plus belles efpérances du

K

monde difparoître, & mes quatre louis
avec elles : il n'y avoit qu'un mouvement très-rapide & continuel qui pouvoit les aſſurer ; pour cela il falloit avoir
recours à l'art : j'appellai Madame Silveſtre pour concerter enſemble de
quelle façon nous nous y prendrions.
Mr. P.... qui commençoit à croire ſon
marché mauvais, vouloit, à toute force, s'en dédire ; mais malheureuſement
il avoit compté ſon argent d'avance ;
il falloit qu'il prît du plaiſir malgré lui,
ou qu'il conſentît à le perdre.

Madame Silveſtre étoit pleine d'imagination quand il s'agiſſoit de ſes interêts : elle eut bientôt trouvé un expédient qui nous réuſſit ; c'étoit une longue bande de laine dont elle enmaillota
le nez du pauvre patient, & à laquelle
nous donnames un mouvement per-
pétuel : l'effet répondoit à notre attente ;
tout réuſſiſſoit le mieux du monde. Mr.

P.... voyant ſes quatre louis lui échapper, voulut compoſer; il trouvoit l'expédient très-bon , mais un peu cher:
il nous propoſa une capitulation fort
honnête ; mais voyant que nous ne
voulions point entendre parler d'ac-
commodement, il ſe décida à ſoutenir
l'aſſaut de bonne grace; ſa défaite fut
prompte , & notre vilain ſoupira autant de plaiſir , que de regret d'avoir
perdu ſon argent.

Il y avoit déja quelque tems que je de-
meurois chez Madame Silveſtre , quand
dans un ſoupé que je fis chez Madame
la Croix , auſſi femme du monde , chez
laquelle j'allois quelquefois , je fis la
connoiſſance de Mr. le Comte de P....
Ma figure lui plut , mon enjoûment,
un certain fonds de folie qui me quittoit rarement , acheverent de le déter-
miner à me propoſer de m'entretenir;
j'acceptai , avec empreſſement , ſon of-

fre : il remboursa à Madame Silvestre
ce qu'elle avoit avancé pour moi, &
me mit en chambre, rue du Bouloir.
Les commencemens de notre ménage
furent affez tranquiles ; Mr. le Comte
de P.... avoit pour ami , Mr. L....
grand jeune homme bien fait, de la plus
jolie figure du monde ; j'en fis mon
Amant. L'air d'indifférence avec lequel
Mr. L.... affectoit de me parler quand
ils fe trouvoient enfemble, aidoit beaucoup à le tromper ; d'ailleurs, Mr. le
Comte de P.... le croyoit trop fon ami
pour le foupçonner d'une pareille tra-
hifon : l'Amitié a un bandeau , derriére
lequel fe cache fouvent l'Amour. Dans
combien de ménages l'ami de Mr. eft
l'Amant de Madame! C'eft même le
grand art des hommes à bonnes fortunes de favoir, en fêtant l'un , plaire à
l'autre, intereffer un Argus, mettre à
propos une foubrette dans fes interêts,

& careffer jufqu'au petit chien, de peur qu'il n'aboie.

Mr. le Comte de P.... n'étoit jamais fi content, que quand il pouvoit me procurer fon ami à fouper. Pouvois-je être plus heureufe! Je vivois avec un homme qui me payoit bien, dont l'amitié étoit intereffée à faciliter mes plaifirs; j'aimois, j'étois aimée : un bonheur fi parfait ne pouvoit pas durer long-tems.

La famille de Mr. le Comte de P...., après lui avoir fait différentes remontrances qui n'eurent aucun effet, vit qu'il n'y avoit point d'autre parti à prendre, pour l'empêcher de me voir, que de me faire enfermer : elle obtint un ordre pour me conduire à Sainte-Pelagie. Le moment affreux de mon enlevement arriva : j'étois feule chez moi quand je vis entrer les miniftres inexorables de la Police, les vengeurs de la vertu : l'Exempt me préfenta fon ordre, & m'ordonna de le fuivre. On doute d'un malheur qu'on croit ne point avoir mérité, même après qu'il eft arrivé. Je tombai à fes pieds, je lui demandai quel étoit mon crime, & quelle étoit la fatisfaction qu'on en exigeoit. Il me répondit, qu'en lui remettant un ordre, on ne l'informoit point des raifons ; qu'il étoit chargé de me conduire à Sainte-Pelagie, & que j'euffe à le fuivre promptement. A Sainte-Pelagie ! m'écriai-je, féjour affreux ! on veut donc ma mort ? La douleur m'empêcha d'en dire davantage.

Il me reftoit une petite douceur dans mon défefpoir. L'Exempt qui devoit me conduire, étoit le même qui avoit déja été chargé de l'ordre, pour m'enlever en fortant de chez Madame Verne. Je me jettai à fes genoux, je lui en rappellai l'époque, & les circonftances : Vous êtes l'ami de Mr. L.... lui dis-je, vous ne refuserez pas une grace à une malheureuse qu'il a tant aimée, & pour laquelle il a encore quelques bontés ; sauvez-moi l'infamie dont tout le monde va être témoin, vous le pouvez ; renvoyez votre suite ; je vous suivrai sans escorte, c'est la grace que j'ose attendre de vous dont je serai toute ma vie reconnoissante. C'est la premiére fois, peut-être, qu'un Exempt ait été sensible ; l'ami de Mr. L.... se rendit à mes larmes, il envoya sa troupe devant, & je montai seule avec lui dans la voiture qui devoit me conduire : il me promit en route d'informer Mr. L.... de mon malheur, & de travailler avec lui pour me faire sortir promptement ; il voulut bien aussi se charger d'une lettre pour remettre à mon Amant, où je lui faisois part de mon infortune, & l'interessois par tout ce que l'amour a de plus tendre, à solliciter mon élargissement.

Quelle retraite pour une femme du monde, qu'une maison où l'horreur fait son séjour, & où la perte de la liberté est le moindre des malheurs! L'incertitude de mon sort ne servoit qu'à augmenter mon désespoir; je me crus dès le troisiéme jour, oubliée de tout l'univers; je me trouvois entourée de victimes, que la part que je prenois à leur malheur, me peignoit aussi innocentes que moi, & qui y étoient retenues depuis plusieurs années, sans espoir d'en jamais sortir: je croyois dans leurs infortunes, lire mon sort; je n'envisageois qu'un avenir éternellement malheureux: cette idée me jettoit dans le dernier désespoir. Tandis que je m'abandonnois à tout le noir de mes réflexions, Mr. L.... sollicitoit mon élargissement.

Mr.

Mr. le Comte de P.... étant allé voyager, ma liberté n'étoit plus suspecte à sa famille : elle fut la premiére à travailler à me faire sortir. Mr. L.... vint lui-même m'annoncer un bonheur que son amour lui rendoit commun : j'embrassai mon Amant & mon libérateur. Si j'ai jamais gouté dans ma vie un bonheur bien parfait, ce fut dans cet instant : mon ame suffisoit à peine à gouter tout l'excès de ma félicité ; le même moment qui me rendoit ma liberté, me mettoit dans les bras d'un Amant qui m'adoroit autant que je l'aimois.

Je me serois cru indigne de la tendresse de Mr. L.... si j'avois pu me décider à reparoître à Paris après la sorte d'infamie attachée au séjour dont je sortois ; je ne pouvois la cacher qu'en trouvant un prétexte à l'absence que je venois de faire.

L

Je lui propofai de me faire entrer, pour quelque tems, dans un Couvent: il approuva fort mon deffein, & nous travaillames à l'exécuter. Il eft vrai qu'on pouvoit tirer mille conféquences de mon gout pour la retraite; mais aucune n'étoit auffi humiliante que l'aveu de celle que je venois de faire.

J'entrai à Saint-H.... où je paffois pour la femme d'un Officier, que fes affaires avoient éloigné de Paris, & dont j'attendois le retour dans la folitude. Mr. L.... paffoit pour mon frere; on ne pouvoit pas trouver mauvais qu'il vînt me voir très-fouvent: mais fe voir au travers d'une grille, quand on s'aime beaucoup, c'eft aigrir fon mal, c'eft avoir toujours préfent un bonheur dont on eft privé: j'étois bien maîtreffe d'en fortir; mais je voulois qu'on fût dans Paris que j'y étois; je comptois qu'on feroit dupe de mon ſtratagême , le Public ne l'eſt jamais.

C'étoit la premiére fois que je ſacri-
ſiois un plaiſir réel à un préjugé imaginaire ; auſſi j'ai bien juré depuis, que ce
ſeroit le ſeul pas que je ferois dans ma
vie par bienſéance, ou plutôt par reſ-
pect pour le mot chimérique de réputation.

Je n'aurois pas été capable d'un long
ſacrifice , ſi je n'avois pas trouvé le ſecret de ſéduire la Touriére ; elle étoit
ancienne dans ſon poſte, &, par con-
ſéquent, au fait d'intrigues ; elle me promit de ſervir mon amour : elle avoit
dans la tête tous les mémoires galans
des Doyennes de la Communauté , elle
m'en fit part ; c'étoient des conſeils
qu'elle me donnoit pour conduire miſ-
térieuſement & religieuſement la paſſion que j'avois pour Mr. L....

L'amour dans un Cloitre eſt un enfant gâté : que de ſoins ! que d'attentions !

que de petits riens inventés par la volupté, ignorés des mondains, & qui ne font connus que dans les Couvens de filles! Qu'une Religieuse entend bien tous les petits détails d'une jouiſſance! qu'elle eſt fine dans le plaiſir! que de recherches dans les Cloitres! Il ſemble que tout, juſqu'à l'air que l'on y reſpire, ſoit plus voluptueux.

Quoique Penſionnaire, j'avois prié qu'on me permît de porter la robe; je voulois avoir part aux graces de l'état. Mr. L.... m'aimoit davantage habillée en Religieuſe; il me trouvoit plus libertine : un voile, une guimpe, tout prête à l'illuſion & fournit au plaiſir.

Ma vocation pour l'état Monaſtique augmentoit de jour en jour, je m'accommodois aſſez bien de la vie de Religieuſe, & je ſerois long-tems reſtée dans ma retraite, ſi une indiſpoſition qui ſurvint à la Touriére, n'avoit dérangé toutes les intrigues de la Maison. Celle qui fut nommée pour la remplacer, n'avoit jamais connu l'amour ; il y avoit tout à craindre à lui en parler la première : je fus la moins attrapée. Voyant que je ne pouvois plus faire entrer Mr. L.... je pris le parti de reparoître dans le monde, d'autant plus que je voyois bien qu'il étoit inutile de vouloir tromper le Public. Je fus aux spectacles ; on me trouva plus jolie que je n'étois auparavant ; on disoit tout bas que le régime m'avoit bien réussi. Je fus plus suivie & plus fêtée aux promenades, que je n'avois jamais été ; tout le monde voulut m'avoir ; j'acceptai Mr. N.... Conseiller au Parlement ; je n'étois point riche, & c'étoit celui qui m'offroit davantage.

Mr. N.... avoit toujours fait beaucoup de bien à toutes les femmes qu'il avoit entretenues ; il étoit généreux, il

ne me refusa rien, & me mit parfaite-
ment bien dans mes meubles ; il avoit
la réputation d'être extrêmement jaloux ; mais je me flattois de le tromper, ou plutôt de le familiariser avec
les Gréluchons : enfin, je comptois le
mettre au ton de tous les honnêtes
gens qui entretiennent des filles. Il
trouva plusieurs fois Mr. L.... chez
moi, sans qu'il parût lui porter ombrage ; je crus déja Mr. N.... corrigé:
comme il ne couchoit pas tous les jours
chez moi, mon Amant prenoit sa place
les jours qu'il n'y venoit point. Il arriva un jour assez tard, que j'étois à table avec mon Amant ; il ne parut point
du tout surpris du tête-à-tête, ni for-
malisé de nous trouver ensemble ; il lui
fit mille politesses, & me caressa même
plus qu'à son ordinaire ; il me dit qu'il
venoit prendre congé de moi, qu'il
partoit la nuit pour aller passer deux

ou trois jours à la campagne, & me quitta, en me difant qu'il auroit le plaifir de me voir dès qu'il feroit de retour.

Je lui trouvai un air fi vrai & fi naturel dans tout ce qu'il dit, qu'il me fut impoffible de démêler aucun foupçon de jaloufie; mais fa fauffe aifance n'étoit qu'un piége pour m'attraper plus fûrement : il avoit placé un domeftique dans une allée voifine, pour voir fi Mr. L.... fortiroit, & venir l'en informer; fon efpion fut lui dire à deux heures du matin, qu'il n'étoit forti perfonne. Il fe tranfporta auffi-tôt chez moi dans une petite voiture, & en deshabillé de campagne; il avoit la clef, il monte, & fe trouve entré dans ma chambre avant que je m'en fuffe feulement apperçue: il ne parut point plus étonné de me trouver couchée avec Mr. L.... qu'il ne l'avoit été quelques heures auparavant de nous trouver fouper enfemble : il vint s'affeoir fur mon lit, badiner avec moi. Comme vous voyez, me dit-il, je fuis en habit de voyage, & vais partir dans la minute ; je n'ai pas été affez impoli pour paffer devant vo-tre porte fans monter, vous dire un pe-tit adieu : il eft deux heures, ma voiture m'attend ; je parts, portez-vous bien.

Je ne favois que penfer de la vifite de Mr. N.... ; fon air fatisfait qu'il avoit confervé jufqu'à la fin, amufoit autant Mr. L.... qu'il me paroiffoit fingulier. Je fus malheureufement à quoi m'en tenir deux jours après : il me fit dire qu'il étoit de retour de la campagne, m'en-voya propofer de me mener à une vente de bijoux de femmes ; il me marquoit qu'il y en auroit, peut-être, quelqu'un qui pourroit me convenir ; que fi cela m'arrangeoit, il viendroit me prendre dans fa voiture à trois heures. Je lui fis réponfe que je l'attendrois : il me tint parole. Nous fumes enſemble à la vente ſuppoſée, qui étoit finie depuis quinze jours : il me dit que pour réparer ſon école, il vouloit me mener promener. Nous fumes enſemble au bois de Boulogne, nous y reſtames aſſez tard ; il me reconduiſit enſuite chez moi, où il ſe diſpenſa de monter, étant engagé, me dit-il, de ſouper ailleurs. Je monte dans mon appartement ; mais quelle fut ma ſurpriſe, en ouvrant la porte, de n'y trouver que les quatre murailles ! Mr. N.... pendant notre promenade, avoit fait reprendre tout ce qu'il m'avoit donné, mon lit, mes glaces, mes bijoux, tout étoit enlevé : je reçus le ſoir même une lettre de lui, où il me marquoit que Mr. L.... pouvoit préſentement coucher avec moi tant qu'il voudroit.

Mon état étoit affreux, je reſtois avec la ſeule robe que j'avois ſur moi : je fus coucher chez Madame Silveſtre, qui me fit toutes les offres imaginables, & me dit qu'elle ſeroit charmée que je trouvaſſe un entreteneur chez elle; que mon ſecond choix ſeroit, peut-être, plus heureux que le premier. J'aurois été obligée de demeurer une ſeconde fois chez elle, ſi Mr. le Duc de C.... qui avoit apprit ma diſgrace, ſans en ſavoir les raiſons, ne m'avoit fait propoſer de m'entretenir. Je vêcus peu de tems avec lui; des raiſons aſſez ſimples nous ſéparerent. Je voyois dans ce tems-là Mr. le Marquis de L.... que je goutois beaucoup; il m'offroit de me faire les mêmes avantages: un certain panchant dont on ne peut rendre raiſon, le gout du changement qui a toujours été pour moi un plaiſir réel, me déciderent à quitter Mr. le Duc de C.... pour vivre avec lui. J'avois ignoré juſqu'alors que la conſtance pût être quelquefois la source du vrai bonheur. Mr. le Marquis de L.... fut le premier me faire gouter un plaisir réel dans la fidélité; d'ailleurs, je commençois à être moins fole; mes passions étoient moins fortes, mes désirs moins vifs; si j'étois encore quelquefois libertine, c'étoit plutôt par imagination, & par habitude, que par temperament & par désir. Je lui ai resté plusieurs années fidéle, ou plutôt trouvant moins de plaisir à lui manquer, je prenois des précautions plus sages & plus sûres pour le tromper.

Le Public commençoit déja à oublier ce que j'avois été : moi-même je rougissois de mes premiéres années, quand une idée de libertinage, une malheureuse étincelle de temperament, vint trahir la réputation de fille sage, dont je croyois être jalouse, & m'enlever, en même-tems, Mr. le Marquis de L... Les hommes ayant fait les loix, pou-

voient-elles être à notre avantage?
C'eſt le lion de la fable qui fait le partage du cerf : ils nous ont ſoumis à
mille préjugés, dont ils ſe ſont ſeuls re-
ſervés le droit de ſecouer l'eſclavage :
le mot de deshonneur n'eſt point fait
pour eux; la vertu , ce tréſor factice
qu'ils ont voulu nous rendre ſi précieux, n'eſt qu'un être imaginaire qu'ils
ont inventé pour aſſurer leurs plaiſirs
aux dépens de notre bonheur.

Un joli homme ſe fait une eſpéce de
point d'honneur d'avoir été libertin;
on ne veut point nous laiſſer deviner
qu'il puiſſe l'être : une femme philo-
ſophe ſur cet article , eſt une femme
ſans mœurs , une femme deshonorée
dans la ſociété civile. Le plus honnête
homme du monde, peut avouer, ſans
rougir, une intrigue avec une griſette;
des paſſades faites avec certaines ſou-
brettes , ne deshonorent point la liſte
des

des bonnes fortunes d'un homme à la mode. Princes , Ducs & Marquis entretiennent publiquement des filles de Théâtre ; une femme qui paroit au spectacle avec un Acteur, seroit deshonorée : le préjugé l'a décidé ainsi ; l'usage en a fait une loi, devant laquelle doit plier la raison : tout n'est qu'inconséquence dans le monde, & tout est faux à notre desavantage. Nous sommes foibles, on nous attaque ; nous cédons, on nous méprise ; voilà les hommes, voilà, sans doute, cet équilibre de raison , cette justesse dans les idées; avantages qu'ils prétendent avoir seuls, & qui les ont autorisés à s'ériger en législateurs. Comme mon dessein n'est point de moraliser, je reviens à mon histoire.

J'appartenois depuis long-tems à Mr. le Marquis de L.... ; mon bonheur paroissoit d'autant mieux assuré, qu'il étoit plus tranquile : un gout fondé sur une ancienne connoiffance , affermi par une longue habitude , me promettoit de vivre autant que je voudrois avec lui. Une idée libertine , un moment de temperament, me fit tout hazarder, fortune & réputation. Il eſt des inſtans où rien ne coute pour ſe ſatisfaire, où la voix de l'honneur n'eſt plus entendue, où la vie même ne paroit d'aucun prix devant une forte paſſion ; la vertu quelquefois ſe tait : on ne cherche point d'exemple, quand on ne prétend point ſe juſtifier : un aveu que le préjugé ſeul rend honteux chez moi, n'a point beſoin d'excuſe. Un deſavantage qu'on retire de la philoſophie, eſt d'apprendre à ne point rougir mal à propos.

J'étois ſervie par un grand domeſtique, jeune, bien fait & d'une jolie figure , dont l'air diſtingué démentoit en tout l'état & la naiſſance ; ſes attentions, le plaiſir qu'il prenoit à me ſervir, me faifoient affez voir les impreffions que je faifois fur fon cœur; fes petits foins recherchés, fes refpects me plurent; tout, jufqu'à fon filence, parloit en fa faveur; je l'aimai, je voulus me fatiffaire, & le rendre heureux. Une femme foumife au préjugé, & qui fauroit fe parer de la théorie du fentiment, auroit bientôt d'un Lafleur fait un Amant déguifé.

Mais ce vain artifice eft peu fait pour mon cœur; je ne rougirai point d'avouer que Lafleur me plaifoit, quoique Lafleur. Je ne jouis pas long-tems d'un bonheur qu'on regardera, peut-être, comme humiliant. Mr. le Marquis de L.... le trouva un jour couché avec moi; il eût pu facrifier mon Amant à fa vengeance; le mépris fut la feule arme dont il fe fervit. J'eus beau lui dire qu'on n'étoit point infidéle par libertinage, quand on aimoit par fentiment ; j'employai inutilement larmes & priéres, la réponfe de Mr. le Marquis de L.... fut qu'il me quittoit pour toujours, & qu'il me méprifoit plus qu'il ne m'avoit jamais aimée. La philofophie vint heureufement à mon fecours ; je fentis qu'il étoit auffi humiliant pour elle de chercher à me juftifier, qu'il auroit été honteux à mon entreteneur d'oublier l'offenfe.

Je ne fus pas long-tems fans appartenir à quelqu'autre ; mon heureux deftin, malgré mes traverfes & mon inconftance, me faifoit trouver des entreteneurs plus que je ne voulois. Mr. M.... jeune Ameriquain, fuccéda à Mr. le Marquis de L.... Je lui ai fait faire, en peu de tems, la trifte expérience, que les richeffes du nouveau monde ne font point inépuifables quand on aime, & qu'on a affaire à une fille maniérée.

Les refus de fon Banquier mirent fin à fon bonheur, en terminant nos plaifirs : il me quitta pour aller gronder fes Economes de ce qu'ils n'étoient pas auffi induftrieux à lui fournir de l'argent, qu'il étoit habile à le dépenfer.

Voilà, Madame, ce que vous avez exigé de moi : vous avez voulu favoir le détail de ma vie, je vous ai obéi.

Préfentement revenue de mes erreurs, auffi heureufe qu'aimée, auffi fidéle que tendre, je goute, tous les inftans de ma vie, dans les bras de Mr. R.... plutôt mon Amant que mon entreteneur, un bonheur plus réel & plus tranquile, une félicité plus parfaite, que les erreurs de vingt années de libertinage, ne m'ont procuré de faux plaifirs.

F I N.